Hartmut E. Höfele
Susanne Steffe

Kindertänze aus aller Welt

Lebendige Tänze, Kreis-, Bewegungs- und Singspiele rund um den Globus

Illustrationen von Kerstin Heinlein

Ökotopia Verlag, Münster

Impressum

AutorInnen	Hartmut E. Höfele Susanne Steffe
Illustratorin	Kerstin Heinlein
Satz	Druckvorstufe Hennes Wergmann Münster
Notensatz	Ja.Ro.-Music, Taunusstein
ISBN	3-936286-40-X

1 2 3 4 5 6 7 8 9 10 • 12 11 10 09 08 07 06 05 04

Alle Lieder dieses Buches gibt es auf der CD von Hartmut E. Höfele
Kindertänze aus aller Welt
Lieder zum Tanzen und Mitsingen – in Deutsch und Originalsprache gesungen
ISBN: 3-936286-41-8

Inhalt

Überall auf der Welt wird getanzt 5

Tanzen mit Kindern 6

Rhythmische Bewegungsspiele zur Einstimmung 9

Afrika – Kontinent in Bewegung 17

Körper Percussion – Rhythmische Körperklänge 22
Klanggestentanz – Afrikanische Tanzspiele 25
Israelische Horatänze – Jiddische Tanztradition 31

Asiatische Tanzkunst – Getanzte Gefühle 34

Tanzen für die Götter – Indische Ausdruckstänze 35
Japanischer Tanz - Die Kunst in den Himmel zu steigen 40
Chinesischer Tanz – Kontrollierte Bewegung als Ausdruck geistiger Energie 44
  Gong He Xin Xi – Ein glückliches chinesisches Frühlingsfest 46
  Wushu – Bewegungskunst 46
  Tai-Chi 50

Australien – Ferner Kontinent am „anderen Ende der Welt" 54

Der amerikanische Kontinent
- Eine Mischung aus unterschiedlichen Kulturen 58

Indianische Tänze aus Nordamerika 59
  I want to be a wannabe – Kinder spielen gerne Indianer 63
  Pow Wow – Indianisches Tanzspektakel 64
  Tiny Tot dance – Indianertanz für Kinder 65
Hip Hop – ein bunter Mix aus Musik, Tanz & Kult 68
  Hip Hop grooves – Rhythmus mit Off-Beats 68
  Rhythmusgefühl & *Vocal-Rap* 70
  Rap mit kids – coole Sprüche zu fetten moves 71
  Hip-Hop-Breakdance Tanzfiguren 72
  Boys & Girls Dance-Groups tanzen Streetdance 75
Linedance für die Tanzmäuse 77
Que rico bailo yo – Lateinamerikanische Tänze 79
  Latin Dance – Getanzte Lebensfreude! 81
  Samba – Bouncen mit den Hüften 81
  Latino Aerobic 83
  La Bamba Party mit Tanzspielen & Scherztänzen 85
  Capoeira - tänzerische Kampfkunst aus Brasilien 88

Hawaii no ka-oi – Hawaii ist das Beste 91
Der Hawaiianische Hula – überfließende Sonnenenergie 92
Der Hula-Tanz 92

Europäisches Tanzfest – Wir tanzen durch Europa 97

Vi lik dansa – Wir wollen tanzen 98
Bändertänze 100
Kanon und Tanz – Finnische Tanzspiele 103
Italienische Kreistänze – Die Sprache ist Musik, der Tanz Ausdruck von Temperament und Lebensfreude 107
Allez, viens danser! – Das Menuett aus Frankreich 110
Das Menuett – Tanz mit Knicks & Pomp 113
Sing along a children song - Reim- und Bewegungsspiele in englischer Sprache 116
Sascha und Nadja tanzen den Kasatschok 119
Çocuk bayrami – Fest zu Ehren der Kinder 122
Alpenländische Tanzgaudi 125
Deutsche Volkslieder zum Mitsingen und Tanzen 128

Getanzt wird in aller Welt - Welttanzprojekt mit Kindergruppen 132

One World Kindertanzfestival 133
Tanzfeste mit einem Ländermotto 135
Internationaler Tanzkalender 135

Anhang

Alphabetisches Register der Lieder, Tänze und Aktionen 137
Verwendete und weiterführende Literatur 139
Informationen im Internet 140
Die AutorInnen / Die Illustratorin 141

Überall auf der Welt wird getanzt

Schwesterchen komm tanz mit mir
Beide Hände reich ich dir
Einmal hin, einmal her
Ringsherum, das ist nicht schwer

Überall auf der Welt wird getanzt. Rund um den Erdenball. Aber es wird nicht überall auf die gleiche Art und Weise getanzt. Wir laden Kinder, Eltern, PädagogInnen, ErzieherInnen und alle Tanzbegeisterten mit diesem Buch zu einer – im wahrsten Sinne des Wortes – bewegenden Weltreise ein. Sie führt Kindergarten-, Vorschul- und jüngere Schulkinder mit tänzerisch spielerischen Aktivitäten durch die verschiedenen Erdteile. Nach einer informativen Einleitung finden sich zu jedem Kontinent Kindertänze, Tanz-, Kreis-, Bewegungs- und Singspiele. Unterhaltsame und anschauliche Kurzgeschichten erzählen außerdem von fremden Landesgewohnheiten und Tanzkulturen. Für die Gestaltung eines multikulturellen Tanzfestes gibt es ebenfalls jede Menge Anregungen, die Große wie Kleine zum fröhlichen Mittanzen und Mitsingen animieren.
Die bunte Vielfalt von Bewegungs- und Tanzaktionen eignet sich optimal als Erlebnis- und Erfahrungsfeld im weitesten Sinne. Fast unmerklich trägt Tanzen zur Entfaltung und Festigung der Persönlichkeit und zur Förderung körperlicher Entwicklung bei: Tanzende Kinder leben ihre Bewegungsfreude aus, ihren Spaß am Nachahmen, am Darstellen und auch am Miteinander. Sie tanzen herrlich unbekümmert, hingegeben und voller Ausdauer.
Dabei geht es uns jedoch nicht vorrangig um das Erlernen von Tanzschritten oder die perfekte Wiedergabe von Tänzen. Wir unterscheiden uns vom rhythmischen Bewegungsspiel einerseits und dem komplexen Folkloretanz auf der anderen Seite. Der Schwerpunkt unseres Buches liegt weitgehend auf dem „kreativen Kindertanz", da mit dieser Form nach unseren Erfahrungen alle Kinder gleichermaßen einbezogen werden können.
Tänze anderer Kulturen sind nicht nur unterhaltsam durch ihre Fremdartigkeit, sie dienen darüber hinaus, wie die Musik, der Vermittlung von Wissen über kulturelle Unterschiede, alltägliche Lebensweise, Moralvorstellungen, Geschichte und Religion. Dieses Wissen fördert – ganz in unserem Sinne – die Entwicklung von Toleranz.
Tanzen ist eine wortlose Form der Kommunikation – wunderbarerweise können wir mit Menschen tanzen, deren Sprache wir nicht verstehen und deren Kultur uns fremd erscheint. Das ist dabei auch nicht wichtig. Wichtig ist, dass jeder Mensch auf dieser Erde Gefühle hat: Er liebt, leidet, trauert, ist glücklich, unglücklich, ängstlich oder wütend. Und wo Worte als Gefühlsausdruck nicht ausreichen, kommt Bewegung zum Einsatz. Oft ist das rhythmische Bewegung.
Tanz-, Sing- und Bewegungsspiele von Kindern zählen aus anthropologischer Sichtweise zu den elementaren und universalen menschlichen Verhaltensweisen. Kinder tanzen, weil sie fröhlich sind, und sie sind fröhlich, weil sie tanzen. Sie fühlen sich, sie bewegen sich, sie freuen sich – und sie haben Spaß.

Wir sind Kinder einer Erde und die Erde, die ist rund.
Du bist weiß und ich bin gelb, schwarz, rot, braun, na und?
Tanz mit mir im Kreis herum, dann sind die Menschen bunt.

Tanzen mit Kindern

Ei vana karu õpi enam tantsima – Ein alter Bär lernt nicht mehr tanzen.
Lerne tanzen in der Jugend, im Alter lernst du es nicht mehr.
(altes russisches Sprichwort)

Tanzen schult die Koordinationsfähigkeit, die Fähigkeit sich harmonisch zu bewegen und seelische Regungen körperlich zum Ausdruck zu bringen.
Bewegungserziehung bedeutet vor allem Beschäftigung mit Rhythmik und Tanz. Sie bietet sich geradezu an, den Anfang der musikalischen Früherziehung zu übernehmen. Rhythmik stellt den Körper in den Mittelpunkt der Aktion und vermittelt Kindern Bewegungserfahrungen, die für die Entwicklung ihres Körperbewusstseins wichtig sind.
Als Bestandteile des Kinderspiels tauchen regelmäßig musikalische und tänzerische Komponenten wie singen, rufen und skandieren auf. Schon die meisten kleinen Kinder kennen das Wort Tanz und wissen genau, was es bedeutet. Sie haben sich zu irgendeiner Musik bereits ganz intuitiv tänzerisch bewegt und die zuschauenden Erwachsenen mit ihren drolligen Bewegungen entzückt: „Oh!" und „Ah!" und „Du kannst aber schön tanzen!" ... Über dieses Lob freut sich jedes Kind. Es bringt das Tanzen mit dem Zustand des Fröhlichseins in Verbindung. So ein starkes und positives Erlebnis möchte dringend wiederholt werden. Sagt ein Erwachsener allerdings „Buben tanzen doch nicht!" oder „Tanz nicht so herum, gleich geht was kaputt.", wird kaum ein Kind das Bedürfnis nach Wiederholung verspüren.

Musik und Tanz ist ein uns bewegendes Ausdruckselement. Kinder, die sich ohnehin gerne spontan zu Rhythmen und Klängen bewegen, legen dabei gewöhnlich mehr Wert auf ihren Spaß als auf eine bestimmte Schrittfolge. Durcheinander-, Miteinander- und Hintereinandergehen haben für sie bereits einen ganz eigenen Reiz.
Kreis, Reihe und Gasse stellen erste Anforderungen an die Kinder, die zu bewältigen sind. Am Anfang empfiehlt sich daher, die Kinder möglichst viele Tanzlieder selbst singen zu lassen. Das ermöglicht ihnen die Anpassung des Tempos an ihr Können. Kinder singen nicht streng tonal, sondern bewegen sich tonhöhenmäßig frei auf- und abwärts. Rhythmik und Metrik ihrer Tanzaktionen sind selten genau festgelegt, sondern von einer eher freizügigen Zeitaufteilung geprägt.
Passive Reizüberflutung stresst das vegetative Nervensystem. Bewegung wirkt dem beruhigend und entspannend entgegen. Die Erfahrung hat gezeigt, dass die meisten Kinder Alternativen zur sinnvollen Gestaltung ihrer Zeit dankbar annehmen – sofern ihnen welche geboten werden. Jedes Kind verfügt über ein großes Potential an schöpferischer Kraft, das nur darauf wartet, zum Leben erweckt zu werden. Und jedes Kind braucht und genießt Bewegung. Gelingt es nun, diese schöpferische Kraft zu wecken und mit Bewegung zu verbinden – dann dreht sich das Kind vielleicht schon im Tanz.

Kreativer Kindertanz

„Die Einfachheit von Musik und Bewegung,
die man jungen Menschen hierzulande
erst wieder mühsam anerziehen muss,
ist beim Kinde natürlich vorhanden."

(Carl Orff, 1895-1982)

„Kreativität" ist der Name für originelle und neue schöpferische Vorgänge, die sich im Denken und Handeln verwirklichen. Der kreative Mensch zeichnet sich durch Eigenschaften aus, die sich wohl alle Eltern für ihre Kinder wünschen: Vitalität, Eigeninitiative, Ausdauer, Neugier, Unabhängigkeit sowie eine gute Portion Konflikt- und Frustrationstoleranz.
Der *Kreative* oder *Freie Kindertanz* bezeichnet eine rhythmisch, musikalisch orientierte Bewegungsschulung, die einen wertvollen Beitrag zur Entwicklung der oben genannten Persönlichkeitsmerkmale leisten kann. Rudolf von Laban (1879–1958), Tänzer, Choreograph und Pionier moderner Bewegungsforschung, zeigte in seinem Werk „Der moderne Ausdruckstanz in der Erziehung" praktische Grundlagen für die Erziehung zum Tanz, indem er ganz speziell auf das Freie Tanzen in verschiedenen Altersstufen eingeht. Damit legte er wichtige Grundsteine für die Arbeit vieler TanzpädagogInnen, AnthropologInnen und TanztherapeutInnen.

Im Kreativen Tanz gibt es möglichst wenig vorgegebene Tanzschritte oder Bewegungsabläufe. Der Weg ist das Ziel. Es geht eher um das Erlebnis als um ein vorzeigbares Ergebnis – was allerdings nicht heißt, dass eine Aufführung vor Publikum ausgeschlossen ist.
Angeregt wird die Fantasie durch Musik, durch kurze Geschichten und leichte Aufgabenstellungen. Die Kinder beteiligen sich im Rahmen ihrer Fähigkeiten aktiv bei der Entstehung einer Idee und deren anschließender Umsetzung. Auf freiwilliger Basis! Damit das funktioniert, bedarf es eines ausführlichen, vorbereitenden Gesprächs zwischen Gruppe und Tanzleitung.

Kreis- und Reihentanz

Es ist ein Reihen geschlungen
ein Reihen auf dem grünen Plan,
und ist ein Lied gesungen,
das hebt mit Sehnen an,
mit Sehnen also süße,
dass Weinen sich mit Lachen paart:
Hebt, hebt im Tanz die Füße.

(Martin Möbius, 1865-1910, deutscher Lyriker und Herausgeber der Zeitschrift »Pen«)

Kreis- und Reihentänze gehören zu den ältesten nachgewiesenen Tanzformen. Spielen wir einem kleinen Kind Musik vor, dreht es sich meist spontan im Kreis. Kein Wunder: Die Psychoanalyse deutet den Kreis als Symbol der Geborgenheit. Als häufigstes Tanzmuster erfüllt die Kreisform wichtige soziale Funktionen: sie gibt Orientierung und Halt durch ihre Ordnung, fördert Konzentration und Gemeinschaftssinn. Kreis- und Reihenform erscheinen in zahlreichen Kinderspielen, die mit einer Handlung verbunden sind.

Aufwärmen – Stretching

„Bewegung macht beweglich –
und Beweglichkeit kann manches in Bewegung setzen."

(Paul Haschek, 1932, Kamilianer-Pater)

Das Experimentieren und Spielen mit Bewegungen fördert Kreativität und Selbstvertrauen.
Jede Kinder-Tanz-Aktivität sollte mit einem intensiven Aufwärmen des Körpers eingeleitet werden. Ein Weilchen auf der Stelle joggen oder hüpfen und dann den Körper ausschütteln – Hände, Arme, Kopf, Oberkörper, Hüften und Popo, Beine und Füße wackeln lassen. Das lockert die Muskeln so richtig auf.
Gehen, Laufen, Marschieren, Galoppieren, Hüpfen, Springen ... die rhythmischen Grundbewegungen sind natürliche Bewegungsabläufe, die mit Kindern spielerisch ausprobiert werden: Balancieren, Kräftigen und Dehnen, Koordination und Haltung, Spannung und Entspannung. Sprünge, Drehungen, Schwünge und Schrittfolgen üben.

Tanzkleidung & Tanzaccessoires

Für unsere Zwecke muss Tanzkleidung vor allem eins sein: bequem. Leggings und ein nicht zu schlabberiges T-Shirt reichen für den Anfang. Oder ein Gymnastikanzug. Dazu Turn- oder Tanzschläppchen.
Aus drapierten Stoffen, geknoteten oder gewickelten Tüchern, wirkungsvoll befestigten Schleiern und Bändern lassen sich im Übrigen blitzschnell die Fantasie anregende, einfache aber wirkungsvolle „Kostüme" herstellen. Diese Accessoires erleichtern es den Kindern, in ihnen fremde Rollen zu schlüpfen und unterstützen unmerklich und effektvoll den Ausdruck ihrer Bewegungen.

Räumlichkeiten

Für den Freien Tanz sollte der Raum so groß sein, dass sich die Kinder beim Tanzen nicht gegenseitig behindern und nicht nach drei Schritten an die Wand stoßen. Ansonsten lernen Kinder recht schnell, einen Raum einzuteilen und den vorhandenen Platz zu nutzen. Freier Tanz lässt sich im Übrigen auch draußen in der Natur veranstalten – da findet sich in der Nähe bestimmt ein brauchbarer Platz. Tanzen in der Natur hat seinen eigenen Reiz durch das Erlebnis von Weite. Außerdem ist es ein tolles Gefühl, die Erde unter den Füßen zu spüren.

Für die Volkstanzarbeit und alle anderen Tänze mit festgelegten Schrittfolgen sollte der Raum möglichst quadratisch sein. Ist er zu klein, verliert die Tanzleitung den Überblick und übersieht Fehler. Ist er zu groß, gibt es Durcheinander, weil die Kinder diesen zu großen Raum nicht beherrschen. Die Beherrschung des Raumes ist bei solchen Tänzen aber nun mal eine wichtige Angelegenheit. Mit Bänken o. Ä. lassen sich große Räume problemlos entsprechend anpassen.

Für das Ballett gibt es spezielle Räume mit Spiegeln und Haltestangen. Da heißt es nämlich üben, üben, üben und sich selbst im Spiegel überprüfen ...

Rhythmische Bewegungsspiele zur Einstimmung

Der Körper
ist das Instrument
auf dem unsere Seele spielt
(Anke Maggauer-Kirsche, 1948, deutsche Lyrikerin)

Rhythmische Bewegungsspiele erleichtern den Zugang zur musikalischen Körpersprache: Kinder lernen, ihren Körper bewusst wahrzunehmen. Sie entdecken ihre eigenen Bewegungsmöglichkeiten und deren Erweiterung. Das Experimentieren und Spielen mit Bewegungen sowie kleine Bewegungskombinationen fördern das Gefühl für Form, Rhythmus und Dynamik im Tanz.
Tanzbewegungen erfordern Orientierung im Raum; das beinhaltet wichtige Lernvorgänge, die jedes kleine Kind zu bewältigen hat, um sich in seinen Lebensräumen angemessen bewegen zu können. Daneben wirkt im Tanz auch die Erfahrung von Zeit und Kraft. Wie viel Kraft wird benötigt, um den Körper in einer bestimmten Zeit auf vorgegebenen Wegen im Raum zu bewegen?
Die folgenden Aufwärm- und Bewegungsspiele vermitteln Grunderfahrungen in den verschiedenen Bereichen, die für das Tanzen von Bedeutung sind.
Hier unsere internationalen Lieblingsbewegungsübungen, die bei Kindern immer gut angekommen sind:

Einfache Hüpf-, Balance- & Fort-Bewegungsspiele

Die verschiedenen Tänze enthalten unterschiedliche Schrittfolgen, die mit entsprechenden Ausdrucksqualitäten verbunden sind: schreiten, gehen, laufen, hüpfen ... Fortbewegung vorwärts, rückwärts, seitwärts ... am Platz stehen, wiegen, pendeln ...
Mit jedem Schritt nehmen die TänzerInnen Raum ein und geben Raum her, jeder Schritt gliedert Zeit.

Spiegeltanz

Besonders bei ostasiatischen Tänzen ist die Kunst des „Spiegeltanzes" in großer Perfektion zu bewundern. Das erfordert Koordination und Zeitgefühl. Mit ein wenig Übung gelingt es den Paaren auch bei unserem Spiel, die Bewegungen der PartnerInnen fast zeitgleich auszuführen.

Alter: ab 4 Jahren

Die Kinder bilden „Spiegelpaare", stellen sich einander gegenüber auf und bestimmen, wer von ihnen das „Spiegelbild" des anderen sein soll.
Das eine Kind bewegt sich vor dem imaginären „Spiegel", sein „Spiegelbild" macht jede Bewegung sofort nach. Mal sehen, was den Kindern so einfällt ...
Muss eines der Kinder dabei lachen, werden die Rollen getauscht.

Blinde Raupe

Die Erfahrung, sich mit geschlossenen Augen führen zu lassen, sollte keinem Kind vorenthalten werden. Es ist schon seltsam, wenn plötzlich einer der Sinne fehlt. Zuerst fühlt es sich ganz komisch an – und die Kleinen geraten schon mal aus dem Gleichgewicht –, dann aber entwickelt sich Vertrauen und Gefühl für die eigenen Bewegungen und die der anderen.

Alter: ab 4 Jahren
Musik: beliebige Musik im gemäßigten Tempo
z. B: Sakura-Kirschblütenlied Nr. 14

Die Tanzgruppe bildet eine Raupe: Alle stellen sich hinter einem Kind (dem Kopf der Raupe) auf, legen jeweils beide Hände auf die Schultern des vorderen Kindes und schließen die Augen. Nicht schummeln!
Nur der Kopf der Raupe hat die Augen geöffnet und führt die Raupe zur Musik durch den Tanzraum: Geradeaus, Schlangenlinien, im Kreis herum ...
Am Anfang ist das eine ziemlich wacklige Angelegenheit!

Variante: Raupe rückwärts

Ebandscha – Tanz der Pygmäen

Der Autor verbrachte mit einem pygmäischen Scout einen Tag in den Townships von Windhoek. Dabei lernte er dieses, bei den afrikanischen Pygmäen beliebte Tanzspiel kennen. Die Tanzbeschreibung dauerte mehrere Stunden. Dabei wurde herzlich viel gelacht und getanzt. Die klein gewachsenen Pygmäen galten übrigens schon vor 4000 Jahren als hervorragende Tänzer und wurden in Ägypten bei Hofe als „Tanzzwerge" beschäftigt. Bei diesem Tanzspiel kommt es auf Reaktion und Schnelligkeit an, wer gewinnt wird mit Freuden, wer verliert mit Spott begrüßt. Wir verzichten hier jedoch auf den Wettbewerbscharakter.

Alter: ab 5 Jahren
Musik: beliebige, afrikanische Volksmusik
Vorschlag: Simama kaa Nr. 22

Die Kinder bilden eine Reihe und bestimmen ein Kind als „VortänzerIn".
Setzt die Musik ein, führen die Kinder die „Anweisungen" der VortänzerIn so rasch wie möglich – jedoch immer entgegengesetzt – aus.
Beispiel: VortänzerIn streckt die Arme aus, die Gruppe kreuzt sofort die Arme.

Weitere Beispiele

VortänzerIn	**Gruppe**
linkes Knie berührt den Erdboden	rechtes Knie berührt den Erdboden
rechtes Knie berührt den Erdboden	linkes Knie berührt den Erdboden
rechtes Knie zum Bauch	linkes Knie zum Bauch
linkes Knie zum Bauch	rechtes Knie zum Bauch
linker Arm hoch	rechter Arm hoch
rechter Arm hoch	linker Arm hoch
Arme gen Himmel strecken	bücken und Arme zur Erde
bücken und Arme zur Erde	Arme gen Himmel strecken
Füße stampfen	Hände klatschen
Hände klatschen	Füße stampfen

1-2-3-1-2-3 ... Taktlaufen

Alleine, zu zweit und zu dritt im Takt herum laufen, das klingt ziemlich einfach, bedeutet aber für kleinere Kinder eine nicht zu unterschätzende Anforderung: sie lernen Raum und Zeit einzuteilen und zu überblicken.

Alter: ab 4 Jahren
Material: Tamburin

Die Tanzleitung gibt mit dem Tamburin das Lauftempo vor.
Die Kinder laufen im Takt ein Weilchen im Raum herum, kreuz und quer und in alle Richtungen. Mal langsam, mal schneller – je nach Rhythmus.
Mit kurzen, festen Schlägen gibt die Tanzleitung das Signal, zu welchen Gruppen sich die Kinder zusammenschließen sollen:

2 Schläge: jedes Kind sucht sich ein Partnerkind und gibt ihm die Hand. Beide laufen im Takt zusammen weiter.
3 Schläge: Die Kinder gehen zu dritt zusammen und laufen gemeinsam weiter.
4 Schläge: die Dreiergruppen trennen sich und alle laufen alleine weiter.

Sind die Kinder „laufsicher", ändert sich dazu auch die Fortbewegungsart: Die Kinder hüpfen, springen, schreiten, schleichen ... allein oder gemeinsam im Takt.

Rhythmischer Bandwurm

Die Kinder stellen sich hintereinander zu einem „Bandwurm" auf:

- das rechte Bein anwinkeln
- die linke Hand auf die Schulter des vorderen Kindes legen
- und mit der rechten Hand dessen Fußgelenk fassen.

Die Gruppe zählt gemeinsam, z. B.: 1, 2, **3**, 1, 2, **3**, ...
Auf **3** springt die Gruppe immer einen kleinen Schritt nach vorne.
Hinweis: Die Gruppe kann auch längere oder kürzere Zählzeiten wählen oder auf jeden Schlag springen.

Rhythmisches Gehmuster – tap-tap-taaap taaap-tap-tap

Wir machen einen rhythmischen Spaziergang nach einem vorgeschriebenen Gehmuster. Rhythmisches Laufen auf Bauklötzchenmuster entspricht den Bedürfnissen im Kindergartenalter. Durch die bildhafte Darstellung von Laufschrittchen lässt sich Rhythmus leicht in visuelle Ordnungen oder Muster im Raum umsetzen. Mit Holzklötzen kann man Rhythmen legen, sie als Ausgangspunkt von Spielen nutzen und von den Kindern weiter aus- und umgestalten lassen.

Alter: ab 4 Jahren
Material: Holzklötze, Tamburin

Tempolaufen
Mit Klötzchen legt die Tanzleitung Gehmuster auf dem Boden aus.
Die Klötzchen so auslegen, dass sie sich in einem konstanten Gehrhythmus nachlaufen lassen: Die Klötzchen liegen in gleichem Abstand (Gehschrittlänge) hintereinander auf dem Boden.

- Beim ersten Durchgang schlägt die Tanzleitung mit dem Tamburin einen gemäßigten Rhythmus. Die Kinder schreiten dazu im Gänsemarsch möglichst rhythmisch den Klötzchen entlang.
- Beim zweiten Durchgang wird das Gehtempo verdoppelt.
- Beim dritten Durchgang hüpfen die Kinder hintereinander im gleichmäßigen Stakkato.

Das Tamburinspiel bei den verschiedenen Durchgängen entpricht der Länge einer Halben-, Viertel- und Achtelnote.

Gehen zu zweien
Die Kinder bilden Gehpaare, die gemeinsam die drei Tempoläufe möglichst synchron nebeneinander laufen. Dabei lassen sich verschiedene Gangarten ausprobieren (Zehenspitzengang, Wiegeschritt, Stechschritt ...)
Hand in Hand, finden zwei (und mehr) gar schnell den gleichen Rhythmus.

Gehmuster-Parcours
Haben die Kinder das Gehen auf ein konstantes Muster eingeübt, werden die Abstände der Klötzchen variiert. Die räumlichen Abstände markieren dabei das Tempo:

- Vier Klötzchen, die in kurzem Abstand gelegt sind, werden mit Vierteltempo gelaufen.
- Zwei Klötzchen mit weiterem Abstand entsprechen der Länge einer Halbennote.

So lassen sich Klötzchengehmuster legen, die zuerst allein, dann hintereinander im Gänsemarsch und schließlich paarweise miteinander abgelaufen werden.
Tipp: Zu Anfang nicht zu viele Variationen legen. Gelingen die Durchläufe nach einfachem Schema, kommt der Wunsch nach eigenen Gehmustern ganz von alleine. Die Kinder legen sich schließlich selbst einen Bauklötzchen-Gehparcours, den sie wiederholt ablaufen.

Rhythmischer Gehkreis
Die Klötzchen lassen sich auch im Kreis legen. So können die Kinder die rhythmischen Schritte ständig wiederholen. Diese Übung ist eine ideale Vorbereitung für nahezu alle Kreistänze! Kindergruppen, die gelernt haben nach einem Gehmuster-Kreis zu laufen, können leicht traditionelle Kreistänze umsetzen.

Kreishüpfer zu Musik aus aller Welt

Bei diesem Tanzspiel sind die Anforderungen schon recht hoch: im Takt hüpfen, Paare bilden, Tanzkreis bilden, einhaken usw. Auch hier lernen die Kinder Zeit und Raum einzuteilen, aber auch ihre Kraft einzuschätzen und sinnvoll zu nutzen. Außerdem fördert es die Koordinationsfähigkeit innerhalb der Gruppe.

Alter: ab 6 Jahren
Musik: beliebige Tanzlieder (s. u.)

Die Kreishüpfer lassen sich auf unterschiedliche Tanzlieder ausführen. Zur Einstimmung auf einen internationalen Kindertanzworkshop schlagen wir vor, mit den Kindern gemeinsam verschiedene Tanzlieder aus aller Welt einfach auszuprobieren. Aus welchem Land stammt das Lied? Wie tanzen dort die Kinder?
Folgende Musiktitel eignen sich besonders gut zum munteren Hüpfen im Kreis:

Country Hüpfer:	The itsy bitsy spider Nr. 36
Alpenländischer Hüpfer:	Den hat scho mei Vater tanzt Nr. 39
Skandinavischer Hüpfer:	Och flickan hon går i dansen Nr. 5
Italienische Hüpfer:	La bella lavanderina Nr. 3
Lateinamerikanische Hüpfer:	La bamba Nr. 27
Chinesische Hüpfer:	I dschtschingua Nr. 15
Afrikanische Hüpfer:	Simama kaa Nr. 22

Die TänzerInnen hüpfen zur Musik und führen – mal gemeinsam, mal allein – die folgenden Tanzfiguren aus:

- Allein im Raum herumhüpfen, dabei TanzpartnerIn suchen und sich die Hand geben. Immer schön weiterhüpfen ...
- Mit allen Paaren einen hüpfenden Tanzkreis bilden.
- Die Paare trennen sich. Es entsteht ein größerer Außen- und ein kleinerer Innenkreis.
- Die Kinder im Außenkreis hüpfen auf der Stelle, die Kinder im Innenkreis hüpfen in die Lücken im Außenkreis und drehen sich zur Kreismitte.
- Alle hopsen seitwärts im Kreis herum.
- Einzeln hüpfen alle in die Mitte hinein und wieder zurück
- Der Kreis wird aufgelöst und alle hüpfen allein im Raum herum.
- Erneut Paare bilden, sich einhaken und zusammen im Kreis drehen.

Das Klatsch- Patsch- Schnalz- & Schnippspiel

Ein Spiel zur Förderung von Rhythmusgefühl und Körperbewusstsein. Die Kinder begleiten die Musik mit ihren körpereigenen Instrumenten. Der bayrische Schuhplattler lässt grüßen!

Alter: ab 4 Jahren
Musik: alpenländische Volksmusik, Den hat scho mei Vater tanzt 💿 Nr. 39
Tipp: Auf der CD Himmel die Berge (siehe Anhang) findet sich eine Vielzahl von alpenländischen Kinderliedern, die zum Gauditanzen geradezu einladen. Auffi geht's!

Die TänzerInnen bilden einen Kreis, die Tanzleitung geht in die Mitte und gibt die Tanzbewegung vor:

Im Rhythmus zur Musik
- klatschen
- auf die Schenkel patschen
- auf die eigene Brust patschen
- auf die Füße patschen
- fest auf den Boden trampeln
- mit den Fingern schnipsen
- mit der Zunge schnalzen ...

Robotertanz – Mechanische Bewegungen

Wir laden unsere Batterie
Jetzt sind wir voller Energie
Wir sind die Roboter
Wir funktionieren automatik
Jetzt wollen wir tanzen mechanik
Wir sind die Roboter
Wir sind auf alles programmiert
Und was du willst wird ausgeführt
Wir sind die Roboter

(Kraftwerk 1970)

Die Bewegungen von Maschinen – und besonders die von Robotern – faszinieren Kinder so sehr, dass sie deren Bewegungen und Töne oft spontan im freien Spiel imitieren.
Bei Robotertanz-Aufführungen ist das Lied vom automatischen Roboter der absolute Renner. Die verfremdete mechanische Liedstimme dieses Titels wird dabei begeistert mitgesungen.

Alter: ab 4 Jahren
Musik: Die Roboter/Kraftwerk
Dieses Lied wurde bereits 1970 auf LP veröffentlicht. Inzwischen gibt es zahlreiche Veröffentlichungen auf CD (Musikfachhandel)

Jedes Kind stellt eine bekannte oder frei erfundene Maschinenbewegung dar.
Auf ein Zeichen der Spielleitung begleiten die Kinder ihre Bewegung mit dem passenden Klang (evtl. Geräusch vormachen). Zu den sich ständig wiederholenden Bewegungen gesellt sich also ein stimmliches Ostinato (ital. „ständig wiederkehrend").
Die Tanzleitung steigert oder drosselt nun das Tempo der „Maschinen" beliebig.
Als Aufführungsspiel kann der „mechanische Tanz" mit elektronischer Musik begleitet werden.
Unseren Tanzmäusen gefällt der Maschinentanz zum Lied „Die Roboter" am allerbesten.

Pelele Marionettenspieler

Das Tanzen mit Puppen und Marionetten ist in Lateinamerika weit verbreitet.
Bei diesem Spiel geht es um Körpergefühl, um Kommunikation und um Förderung der Kreativität.
Jede Marionette bewegt sich anders.

Alter: ab 6 Jahren
Material: 1 Stöckchen je Spielpaar
Musik: Instrumentalmusiken mit unterschiedlichen Atmosphären. Marionettenspieler bewegen sich zu besinnlicher Klaviermusik anders als zu aktuellen Poprhythmen. Am besten verschiedene Musikstücke anbieten und sehen, was am besten gefällt!

Die Kinder bilden Spielpaare: Marionette und PuppenspielerIn.
Die Marionette setzt sich zusammengesunken auf den Boden – wie eine echte Marionette. Setzt die Musik ein, „erweckt" der Puppenspieler seine Marionette, indem er sie mit dem Stäbchen ganz leicht am Kopf berührt: Die Marionette steht auf und schlenkert mit den Gliedern. Nun dirigieren die PuppenspielerInnen ihre Marionette, indem sie auf verschiedene Körperteile zeigen und das Stöckchen entsprechend nach oben/unten und vor/zurück bewegen. Die Marionetten folgen mit ihren Bewegungen den Stöckchen wie an unsichtbaren Fäden. So „geführt" können die Marionetten einzelne Körperteile rhythmisch bewegen, aber auch durch den Raum gehen und sogar tanzen. Ist das Musikstück zu Ende, sinkt die Marionette in sich zusammen. – Rollentausch!

Varianten

- **Schlange & SchlangenbeschwörerIn:** Die Schlange bewegt sich schlängelnd ...
- **Puppe & PuppenspielerIn:** Die Puppe bewegt sich im Gegensatz zur Marionette ganz steif und hölzern.

Afrika – Kontinent in Bewegung

*„Wenn du sprechen kannst, kannst du singen.
Wenn du gehen kannst, kannst du tanzen."*
(Afrikanisches Sprichwort)

Die ältesten Quellen zur Musikgeschichte Afrikas liefern Felsbilder in den Gebirgen Nord- und Südafrikas. Sie zeigen ein Musikleben mit kultisch-magischen Tänzen, begleitet von Gesang, Fußstampfen und Händeklatschen.
Rhythmus ist die Grundlage des afrikanischen Tanzes und zentrales Element der afrikanischen Musik. Dabei ist zu bedenken, dass auch auf diesem unermesslich großen und vielfältigen Kontinent Welten zwischen den einzelnen Ethnien liegen. Das heißt, dass es nicht den afrikanischen Tanz an sich gibt, sondern viele unterschiedliche Tanzformen.
In Europa ist oft zu hören, dass AfrikanerInnen das Tanzen einfach „im Blut" liegt. Das klingt ganz so, als verfügten die Menschen dort über ein Tanz-Gen, das in den Erbanlagen der Europäer nicht zu finden ist. Dazu passend gibt es ein altes afrikanisches Sprichwort, welches sagt: „Willst du Mitleid mit dem weißen Mann haben, so schau ihm beim Tanzen zu." Die Wahrheit aber ist, dass Tanz die BewohnerInnen Afrikas wie selbstverständlich durch ihr Leben begleitet. Der traditionelle afrikanische Tanz zeigt oft Bewegungen, Erfahrungen und Ereignisse aus dem Alltag, z. B. Bewegungen der Tiere, die Elemente (Luft, Feuer, Wasser, Erde) und Arbeitsbewegungen.
Jede traditionelle Bewegung hat ihren vorgeschriebenen Ablauf und ihre eigene Schrittfolge. In Gegenden, für deren Dialekt es auch heute noch keine Schriftsprache gibt, werden Rhythmen und Tänze, Geschichte und Geschichten auch im dritten Jahrtausend noch mündlich überliefert.
In Westafrika z. B. ist die Weitergabe von Wissen Aufgabe von Männern, die Griots genannt werden. Ein Griot ist aber nicht nur Informationsträger, sondern auch Vortragskünstler: Er gestaltet seine Sprache rhythmisch. Und die Zuschauer wippen im Takt: Das Wort hat sich mit dem Rhythmus verbunden und Tanz geboren.
Im Übrigen sind Radio, TV, Video- und Kassettenrekorder samt der tanzbaren Klänge, die gerade „in" sind, mittlerweile auch bis in die hintersten Winkel des afrikanischen Kontinents vorgedrungen. Und die afrikanische Jugend hopst ebenfalls mit Begeisterung zu den Klängen von heute.

„Afrika-Kiste“ – Kinder zum afrikanischen Tanz inspirieren

Der Autor spielt sein Kinderprogramm zum Thema Afrika in Kindergärten, Jugendhäusern oder bei multikulturellen Aktionsfesten. Das Motto lautet: „Dumelang mo Afrika."
Zur Einstimmung auf das Thema stellt er eine große Kiste in die Mitte des Raumes. Darin befinden sich verschiedenste afrikanische Gegenstände, die Kinder und Jugendliche zu afrikanischem Tanz inspirieren sollen: Knochen von der Sceleton-coast, ein Pfeil-Bogen der Buschmänner, Glitzersteine vom Brandberggebirge, Salzklumpen von der Küste, Rasselschoten vom carob tree (Johannisbrotbaum), Holzschnitzereien, Batiktücher, Klimper Kalimba usw. Diese Materialen dürfen alle anfassen und ausprobieren. Meist stellen die Kinder dann interessierte Fragen, die beantwortet werden wollen. So lässt sich eine Gruppe auf afrikanische Themen einstimmen.

Diese Methode ist zur Nachahmung empfohlen. Sammeln Sie Bilder, Presseartikel und afrikanische Kunst- und Alltagsutensilien, die Sie der Kindergruppe vorführen. Die Kinder werden begeistert sein.

Ayelevi Begrüßungs-Abklatschtanz

Alter: ab 5 Jahren
Musik: Ayelevi Nr. 19

Die Kinder stellen sich im Kreis auf und begleiten das Lied im Rhythmus klatschend.
... clap your hands:
- Rechte Handfläche nach oben, linke nach unten und in die Hände des rechten und linken Nachbarkindes klatschen.
- Hände umdrehen: linke Handfläche nach oben, rechte nach unten und wieder in die Nachbarhände klatschen.
- Vor dem eigenen Körper in die Hände klatschen. Die Handflächen dabei waagerecht halten, d. h. die rechte zeigt weiter nach unten, die linke nach oben.
- Ohne die Handstellung zu verändern zurück in die Hände der Nachbarn klatschen.
- Ohne die Hände zu drehen zurück in die eigenen Hände klatschen ...

Bei einer nächsten Runde kommt zum Klatschen das Stampfen mit den Füßen dazu.
... stomp with your feet:
- rechter Fuß zur Seite
- linker Fuß ran
- stehen bleiben
- Stampfbewegung wiederholen ...

Ayelevi – Begrüßungslied aus Ghana

Nr. 19

Ghana ist ein gastfreundliches Land in dem BesucherInnen herzlich willkommen sind. Fröhliche Begrüßungsrituale haben dort Tradition. Das folgende Begrüßungs- und Tanzlied ist in Ghana sehr bekannt und gehört zum Programm der Allroundkünstlerin Lizzy Hammond, die als Botschafterin des kulturellen Erbes ihres westafrikanischen Landes unterwegs ist. Nach Tanz- und Choreographiestudium in ihrer Heimat und in Nigeria hat Elizabeth Hammond auf ihren Tourneen verschiedene afrikanische Länder, Europa und Amerika besucht.

trad. Ghana
Bearbeitung: D. Ferber

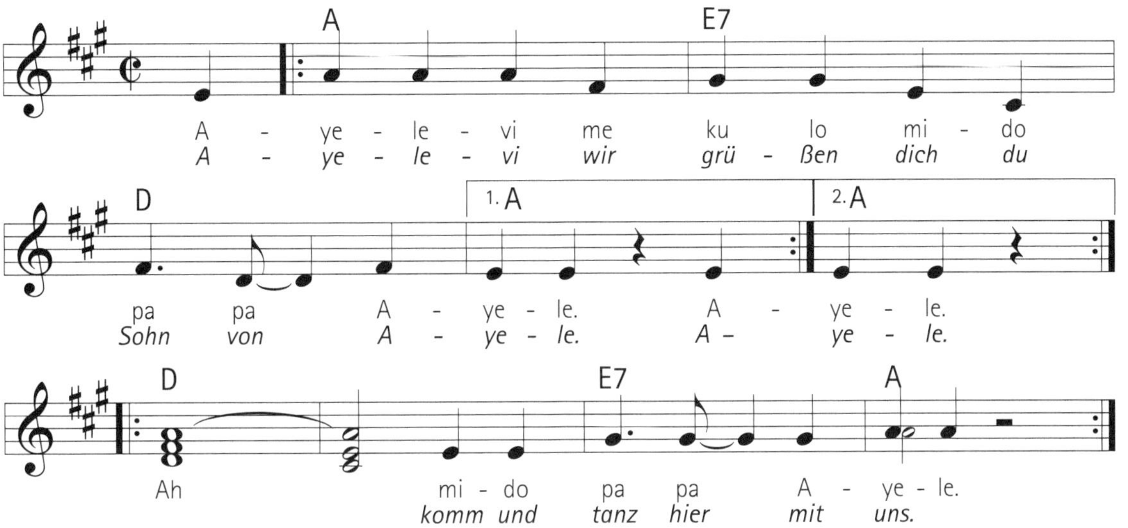

Ayelevi me ku lo mido pa pa Ayele
Ah mido pa pa Ayele

Ayelevi, wir grüßen dich, du Sohn von Ayele
Ah, komm und tanz hier mit uns

Ayelevi, komm tanz mit uns, du Sohn von Ayele
Ah, komm und tanz hier mit uns

Hinweis: Selbstverständlich lassen sich die Namen bei diesem Tanzlied beliebig austauschen. Statt „Ayelevi" kann ein Junge z. B. mit seinem Namen „Johannes" begrüßt werden. „Johannes, wir grüßen dich, du Sohn von ..." – Ja, wie heißt denn noch gleich sein Vater?

Tapsende Füße

Die folgende Geschichte spielt in Namibia in Südwestafrika. Namibia war früher eine deutsche Kolonie mit Namen „Deutsch-Südwest".
Bis heute ist der Einfluss der Kolonialzeit im Lande sicht- und spürbar. So tragen zum Beispiel viele Ortschaften deutsche Namen, und es leben auch immer noch zahlreiche Deutsche dort. Zum Teil handelt es sich um Nachkommen früherer Einwanderer, zum Teil aber auch um „AussteigerInnen" neueren Datums.
Bis zu seiner Unabhängigkeit war Namibia Teil von Südafrika. Afrikaans, der holländische Dialekt der Buren, wird immer noch viel gesprochen. Das Land selbst bietet afrikanische Natur pur und lockt zahlreiche Safari-Touristen und Großwildjäger.
Der immer neugierige Autor packte also eines Tages sein Aufnahmegerät ein und reiste ins ferne Afrika. Er wollte Land und Leute kennen lernen, aber auch Schulen besuchen und mit afrikanischen Kindern gemeinsam singen. Die schönsten Lieder sollten auf- und so mit nach Hause genommen werden. – In Asien hatte das ja bereits hervorragend geklappt ...

Lange Zeit hatte ich davon geträumt, Afrika kennen zu lernen. Endlich war es so weit: Früh am Morgen landete ich auf dem Flughafen in Windhoek, der Hauptstadt Namibias. Namibia ist ein Land im Südwesten von Afrika. Seine Nachbarländer heißen Angola, Botswana und Südafrika. Nach Namibia reisen die Leute, um Tiere wie Löwen, Elefanten und Nashörner zu sehen oder auch zu jagen. Ich aber war aus einem ganz anderen Grunde da: Ich wollte in verschiedenen Schulen die Lieder der afrikanischen Kinder kennen lernen und aufnehmen.
Trotz der frühen Stunde traf mich die Hitze wie ein Keulenschlag. Schwitzend schob ich mich Richtung Ausgang, winkte ein Taxi heran und machte mich auf die Suche nach meiner Bleibe. Staunend betrachtete ich die blitzsauberen Straßen und die schmucken Häuserfassaden. War ich wirklich in Afrika? Dunkelhäutige Geschäftsmänner eilten mit Aktenkoffern und Handys an mir vorbei. Schließlich hielt das Taxi vor einem adretten Gebäude. „Pension Steiner" stand auf dem Schild. Und selbstverständlich sprachen alle Angestellten Deutsch. Ich bezog ein pieksauberes Zimmerchen und machte mich dann zu Fuß auf, Afrika zu erkunden. Eins wurde mir schnell klar: Auf dem schwarzen Kontinent ist die Zeit ebenso wenig stehen geblieben wie in Europa. Der moderne Afrikaner geht mit dem Laptop ins Büro, im Internetcafé waren alle Plätze besetzt, und ein paar Ecken weiter landete ich in einem hochmodernen Supermarkt. Dort gab es alles, was ich von zu Hause kenne: Popmusik aus dem Lautsprecher, Nutella, Pampers und Maggieintopf. Ich wanderte weiter und suchte nach einem Fahrzeugverleih, denn ich wollte die Stadt möglichst bald verlassen und endlich das „wirkliche" Afrika kennen lernen.
Mit einem Geländewagen, mehreren Wasserkanistern und Proviant machte ich mich am nächsten Tag auf den Weg. Wenig später wurde mir klar, was dieses Land wirklich bedeutet. Die Städte sind wie Inseln, auf denen die Menschen leben. Außerhalb der Städte aber liegt ein Afrika, das den Tieren gehört. Stundenlang fuhr ich auf sandigen Pisten, ohne einer Menschenseele zu begegnen. Ab und zu machte ich eine Pause und bestaunte eine verwirrende Landschaft, die mich mit Millionen glitzernden Steinen blendete. Es gab kein Wasser weit und breit.
Ganz plötzlich brach die Nacht herein. Es war, als würde sich aus dem Nichts ein dunkler Vorhang über mich senken. Da man mich vor Schlangen gewarnt hatte, tastete ich mich vorsichtig mit einem Stock vorwärts. Ich übernachtete im Freien und morgens weckte mich der Gesang der Vögel. Nun, was heißt Gesang. Um ehrlich zu sein: noch nie habe ich Vögel gehört, die so ein Höllenspektakel veranstalten.
Und weiter ging die Fahrt. Zum ersten Mal sah ich Antilopen. Riesige Herden großer Kudus, anmutige Impalas und eine Horde Warzenschweine, vor denen man sich besser in Acht nimmt, denn Warzenschweine sind sehr stark und klug. Endlich tauchten in der Ferne

Häuser und Hütten auf. Ich war richtig froh wieder Menschen zu sehen und freute mich auf meinen Besuch in der Schule.
Kaum hatten sie mein Auto erblickt, kamen Lehrer und Schüler herbeigeströmt, um mich überschwänglich zu begrüßen. Große dunkle Augen strahlten mich fröhlich an, und ich konnte mich vor neugierigen Fragen kaum retten. Alle Kinder sprachen neben ihrer Muttersprache nahezu perfekt Englisch, viele auch Afrikaans, einen holländischen Dialekt, den die Buren nach Südafrika gebracht haben.

Im Schulgebäude packte ich meine Instrumente aus und fragte die Kinder nach ihren Liedern. Bereitwillig stellten sie sich im Halbkreis auf. Ich stellte meinen Rekorder auf Aufnahme und sie schmetterten los. Völlig unbeschwert und ohne jede Scheu.
Ich verstand kein Wort, lauschte aber begeistert den fremden Klängen der mir unbekannten afrikanischen Sprache. Mit geschlossenen Augen lehnte ich an der Wand und hörte einfach zu. Es war großartig. Ich wusste jetzt schon, dass ich herrliche Aufnahmen mit nach Europa bringen würde.
Plötzlich mischte sich ein seltsames Klopfgeräusch unter die Melodie. Ich öffnete die Augen und beobachtete, wie die Kinder sich beim Singen bewegten. Sie wippten und wiegten sich in den Hüften, sie ließen die Schultern zucken und wackelten mit dem Po. Das klopfende Geräusch aber kam von ihren nackten Füßen, die auf dem Boden hin und her tanzten. Keines dieser Kinder besaß Schuhe. Sie gingen barfuß tagaus, tagein. Mein Problem war nur, dass der Rekorder die klopfenden Füße zusammen mit dem Lied aufgenommen hatte. Ich konnte aber kein Geklopfe gebrauchen. Na ja, beim ersten Mal geht sowieso meistens was schief, wir versuchten es gleich noch einmal.
Ich bat die Kinder beim Singen ganz ruhig stehen zu bleiben, und sie nickten brav mit den Köpfen. „No problem, Sir!" Kein Problem.
Tolle Jungs und Mädels sind das, dachte ich. Und Eins, Zwei – los ging es. Steif wie Zinnsoldaten standen die Jungen und Mädchen vor mir und fühlten sich sichtlich unwohl. Egal – solange ihre Stimmen nur so schön klängen wie zuvor.
Beruhigt schloss ich wieder die Augen und gab mich der Musik hin. Allerdings beschlich mich das Gefühl, dass diesmal dem Gesang irgendetwas fehlte. Es klang alles gezwungen und ein wenig leblos. So, als würde das Singen gar keinen Spaß machen. Und da – da klopfte doch schon wieder was!
Entsetzt blickte ich auf! Alle Kinder standen stocksteif, nur ein kleines Mädchen nicht. Es lächelte mich entschuldigend an, während seine nackten Füßchen wie von selbst über den Boden hüpften. Ich konnte nicht anders, ich musste bei diesem Anblick einfach lachen, und das kleine Mädchen erklärte mir: „Wenn ich singe, dann muss ich gleichzeitig tanzen. Ich kann nichts dagegen tun, ich muss einfach. Das ist eben so." „Hmm", sagte ich. „Ist das bei euch allen so?" Halb verlegen, halb erleichtert stimmten die Kinder zu.
Ich überlegte kurz und nahm dann den ganzen Chor mit ins Freie. Im Schatten eines großen Baumes haben sie dann für mich gesungen und dazu nach Herzenslust getanzt. Die freundliche afrikanische Erde hat das klopfende Geräusch ihrer Füße verschluckt, und ich habe gelernt, dass in diesem Teil der Erde Musik und Tanz zusammengehören. Tatsächlich sind sie untrennbar miteinander verbunden.

Körper Percussion – Rhythmische Körperklänge

„Drumming is not for listening, it is for dancing."
(Theo Iyambo Naruseb, Namibia wilderness scout)

Körper-Percussion heißt: Klangerzeugung mit Händen & Füßen. Die Möglichkeiten, seinen Körper beim Tanzen als „Schlaginstrument" zu nutzen, sind äußerst zahlreich.
Körper-Percussion ist auch eine ideale Aufwärmübung vor dem Tanz. Im Idealfall entstehen dabei erstaunlich spontane Gesten, die sich in tänzerische Elemente umwandeln lassen.

Fußpercussion – Handpercussion – Körperpercussion

Fußpercussion
als tänzerisches Ausdrucksmittel findet sich in unterschiedlichsten Formen in Afrika, aber nicht nur dort. Das taktmäßige rhythmische Gehen spielt eine wesentliche Rolle beim Tanz so genannter „Naturvölker". Treten, Stampfen, Springen, Schlurfen, Schleifen und Gleiten der Füße auf dem Boden sind Bewegungen, die Geräusche erzeugen. Wichtig: Ob das Stampfen auch klingt, hängt wesentlich vom Untergrund ab. Holz- und evtl. auch Kunststoffböden ergeben einen guten Resonanzklang, Teppichböden aber nicht. Der nächste Schritt zur klanglichen Differenzierung ist dann das Tragen von Schuhen, durch die sich ganz verschiedene Hacken-, Ballen- oder Spitzengeräusche erzeugen lassen.

Handpercussion
heißt Körperschlag mit den Händen auf die verschiedensten Körperteile. Der rhythmisch-klanglich variabelste Körperschlag ist das Klatschen der Hände als Flach- oder Hohlhandschlag, da durch den Wechsel eine sehr reizvolle Klangwirkung entsteht. In der Personalunion MusikerIn – TänzerIn übernehmen die Füße die Aufgabe der rhythmisch-tänzerischen Bewegung. Die Stimme gestaltet die melodische Linie, während die Hände frei sind zur rhythmisch-percussiven Begleitung. Beim Bepatschen von Oberarm, Hüften, Bauch, Popo und Schenkel verwandeln sich Körperteile in Musikinstrumente.

Hand- & Fußpercussion

Alter: ab 4 Jahren
Musik: afrikanische Kinderlieder:
Vorschlag: Ayelevi Nr. 19, Dumelang mo Afrika Nr. 20,
Simama kaa Nr. 22
Tipp: Auf der CD „Karibuni Watoto" (siehe Anhang) gibt es ebenfalls viele afrikanische Kinderlieder, die zu Fußpercussion einladen.
Oder: O Alele, Tuleeke tulai, Moja mbili taata (In 80 Tönen um die Welt, siehe Anhang)

Fußpercussion – Klänge mit Füßen & Beinen

Die Kinder probieren verschiedene Möglichkeiten aus den Fuß aufzusetzen und dadurch Klänge zu erzeugen.

Welche Klänge entstehen beim

- gewöhnlichen Gehschritt
- energischen Stampfschritt
- schlurfen mit den Füßen
- gehen auf Zehenspitzen
- gehen auf dem Fußballen
- gehen auf den Fersen
- abrollenden Aufsetzen von der Ferse zum Ballen ...

Welche Klänge enstehen bei unterschiedlichen Fortbewegungsarten wie
hüpfen · hinken · kriechen · trippeln · schlurfen · rennen · sich mühsam vorwärts schleppen usw.

Haben die Kinder ausreichend Klangmuster mit den Füßen entdeckt, hören sie die Musik an, zählen gemeinsam laut den Takt mit und achten auf die Stimmung der Melodie.
Statt mit den Händen zu klatschen, begleiten sie die Stimmung der Melodie oder des Textes (den Silbensingsang) frei mit den verschiedenen Fußklängen.

Handpercussion – Klänge mit den Händen & Armen

Die Kinder probieren verschiedene Klatschtechniken mit den Händen aus:
Flachhandklatschen – Hohlhandklatschen – Rückhandklatschen – Patschen ...
Alle Partien des Körpers lassen sich bepatschen: Gesicht, Wangen, Stirn, Brust, Arme, Bauchpartie, Hüfte, Ober-, Unterschenkel und sogar die nackten Fußsohlen.
Fingerschnalzen bzw. Schnipsen gilt als eigene Klanggeste. Es ist sozusagen der Klang einer Hand im Gegensatz zum Klatschen beider Hände. Naturtalente schaffen das auf Anhieb. Zuweilen bedarf das Schnipsen einiger Übung, oft spielt auch eine Hand leichter als die andere.

Haben die Kinder die verschiedenen Klangmöglichkeiten mit den Händen kennen gelernt, können sie das ausgewählte Lied/die Musik begleiten, indem sie die Stimmung der Melodie mit ihren „Handklängen" aufgreifen.

Hinweis: Am Schluss begleiten die Kinder die Musik mit Händen und Füßen – patschend, klatschend, stampfend, schnipsend – je nach Stimmung!

Schwamm drüber – Rhythmussymbole an der Tafel

Rhythmusklatschen ist eine hilfreiche Übung zum Kennenlernen von Zählzeiten. Klingt einfach, erfordert aber dennoch viel Konzentration und Ausdauer. Durch die „Schwamm-drüber-Methode" wird den Kindern ein Rhythmusbild visuell vermittelt: Das erleichtert es ihnen, Rhythmus tatsächlich zu begreifen.

Alter: ab 5 Jahren
Material: Tafel, Kreide

An eine Wandtafel für jeden Klatscher ein Symbol zeichnen.
Die Tanzleitung verändert dann das Rhythmusbild, indem sie mit dem Schwamm „Pausen" wischt: Die Klatschpunkte verschwinden sukzessive.

Klatschen nach Symbolen
16 Klatschsymbole hintereinander an die Tafel malen.

Die Tanzleitung wischt mit dem Schwamm Klatschpunkte weg.
Wo ein Symbol steht, wird geklatscht.
Wo das Symbol weggewischt wird – Pause.

Haben die Kinder die Klatschübung (nach mehreren Durchgängen) verinnerlicht, können die Klatschsymbole durch Silben ersetzt werden. Statt zu klatschen, sprechen sie nun die Silben rhythmisch auf.

Silbenlautketten nach Silben
16 Silben hintereinander an die Tafel malen:
Ta – ta – ta – ta – te – te – te – te
– to – to – to – to – ti – ti – ti – ti

Die Tanzleitung wischt mit dem Schwamm einige Silben weg.
Ta –   – ta –   – te – te –   – te
– to –   – to – to – ti – ti – ti – ti

Wo eine Silbe steht, wird sie aufgesprochen. Wo eine Silbe weggewischt wurde, machen die Kinder eine Pause.

Varianten:
Statt der Klatschsymbole oder Silben lassen sich auch Zeichen für Fußstampfer, Klangstabschläge oder sonstige akustische Signale verwenden. Die Kinder sind nach einigen Durchläufen und etwas Übung meist in der Lage, selbstständig Rhythmusbilder an die Tafel zu zeichnen um z. B. danach zu klatschen, zu stampfen oder zu rufen.
Eine weitere interessante Fortführung dieser Rhythmusklatschbilder ist das Aufzeichnen von tänzerischen Bewegungselementen. Statt der Klatschsymbole werden dann Symbole aufgezeichnet, die eine Körperbewegung darstellen. (Bein anheben, Luftsprung, Drehung ...)

Klanggestentanz – Afrikanische Tanzspiele

Deutschsprachige Kinder lieben es, melodische afrikanische und andere fremdsprachige Silbenketten spielerisch kennen zu lernen und zu wiederholen. Gleichzeitig führen sie dazu einzelne Klanggesten (Arme hoch, Ellenbogen zur Seite, Fuß heben ...) aus. Mit der Zeit entsteht so ein rhythmisches Bewegungsmuster.
Bei unserer Rechercherreise in Südafrika führten uns die SchülerInnen einer primery-school voller Stolz ihr „English A-B-C" vor (Arme zum Kreis ein O, drei Finger spreizen ein E, Hand flach auf den Kopf ein T ...). Jedem Buchstaben wurde so eine entsprechende Geste zugeordnet, die zugleich die Schreibweise symbolisierte.
Zur allgemeinen Begeisterung wurde das mühselige Auswendiglernen durch tänzerische Bewegung ersetzt, wobei die jüngeren Kinder den Älteren fleißig nacheiferten.

Mtoto mwema husema asante

Nr. 18

Ein traditionelles rhythmisches Singspiel aus Tansania, bei dem eine VorsängerIn im Wechsel mit der Gruppe einfach „Danke" sagt/tanzt.

trad. Tansania
Bearbeitung: D. Ferber

1. mtoto mwema husema,
   husema asante.
2. Baba kampa viatu,
   husema asante.
3. Mama kampa chakula,
   husema asante.
4. husema asante,
   husema asante.

1. Das Kind, es kann gut sprechen,
   Es kann gut „Danke" sagen.
2. Vom Vater hat's die Schuhe,
   Es kann gut „Danke" sagen.
3. Die Mutter gab das Essen,
   Es kann gut „Danke" sagen.
4. Es kann gut „Danke" sagen,
   Es kann gut „Danke" sagen.

mtoto = Kind · mwema = gut · husema: hu = es, kusema= sagen · asante = Danke
Baba = Vater · kampa = gegeben · viatu = Schuhe · Mama = Mutter
chakula = Essen/Nahrung

Silbenketten

Melodisch-rhythmisch aufgeprochene Silbenketten sind für Kinder eine wichtige Erfahrung. Bei unseren Workshops und Live Auftritten machen wir immer wieder die Beobachtung, dass das Aufsprechen von Silbenkauderwelsch Kindern große Freude bereitet. Das afrikanische O-Alele, das Atte-katte-nuwa der Samen oder das chinesische Tschicke-do Spiel sind bei Kindern sehr beliebt. Kein Wunder: Das dynamische Aufsprechen von erregungspositiven Silbenketten regt zur Bewegung an. Erregungspositive Lautäußerungen sind z. B. Silben mit Hochtönen, kurze Vokallaute und stimmlose Konsonanten. Es gibt auch Silbenketten mit beruhigender Wirkung: Silbenketten mit langen Vokallauten, mit tiefer Stimme vorgetragen, wirken auf Kinder beruhigend.

Klanggesten Tanz mit afrikanischem Silben Singsang

Für unseren Silbensingsang haben wir eine Strophe eines tansanischen Kinderliedes ausgesucht. Die Verse eignen sich sehr gut für afrikanischen Wechselgesang, einer in Tansania sehr beliebten Singweise: Der Vorsänger spricht oder singt vor. Der Chor singt nach.

Alter: ab 6 Jahren
Musik: Mtoto mwema husema asante Nr. 18

Die Kinder überlegen, mit welchen Klanggesten sie die einzelnen Figuren und ihre Tätigkeiten (Kind bedankt sich, Vater gibt dem Kind Schuhe, Mutter gibt ihm etwas zu essen ...) beschreiben können. (siehe dazu: Hand- & Fußpercussion, S. 23)
Jeder Silbe ordnen sie eine Klanggeste zu und probieren sie „trocken" Zeile für Zeile aus.

Mto-to	mwe-ma	hu-se-ma
Hu-se-ma	a-san-te	
Ba-ba	ka-mpa	vi-a-tu
Ma-ma	ka-mpa	cha-ku-la

Sind die Klangesten sicher den Silben zugeordnet, tragen die Kinder die Verse unterstützt durch Fußaufstapfen ... und Händeklatschen ... zusammen mit den Silben rhythmisch wiegend vor.

Simama kaa – Sitz & Hüpf

Nr. 22

trad. Tansania
Bearbeitung: D. Ferber

Simama kaa simama kaa
Ruka ruka ruka simama kaa
Tembea kimbia
Tembea kimbia
Ruka ruka ruka simama kaa

Hallo, hallo, hallo, hallo
Wir freun uns auf dich, hallo, hallo
Wir drehn uns wie ein Kreisel
Wir drehn uns wie ein Kreisel
Wir freun uns auf dich, hallo, hallo

simama = Halt! stehen · kaa = sitzen · ruka = hüpfen · tembea = gehen · kimbia = rennen

Simama kaa – Tanzspiel

Jambo! So begrüßt man sich auf Suaheli, der offiziellen Sprache des ostafrikanischen Staates Tansania.
Der folgende Kindertanz beinhaltet im Übrigen ein komplettes Fitnessprogramm – tansanischen Kindern geht dabei selbst nach mehreren Durchgängen noch nicht die Puste aus!
Dieses Singspiel wurde uns von der Tanzpädagogin Heike Urmes zugeschickt. Sie arbeitet in einem Kindergarten in Swakopmund (Namibia) und spielt dieses Tanzspiel regelmäßig mit ihrer Gruppe.

Alter: ab 4 Jahren
Musik: Simama kaa Nr. 22

Tanzleitung und Kinder lernen den Liedtext und üben, bis sie sicher wissen, welche Bewegung zu welchem Wort gehört.

Die Kinder stellen sich im Tanzkreis auf.
Zur Begrüßung heißt es: *Jambo* oder *Hujambo* (Guten Tag! Hallo! Wie geht's?) – und dann geht's los ...

- Während der deutschsprachigen Strophe drehen sich die Kinder singend im Kreise herum (wie ein Kreisel).
- Bei der Strophe in afrikanischer Sprache gibt der Liedtext sinnigerweise die Tanzanleitung. – Für das Tanzen mit Kindern geradezu ideal:

Simama kaa simama kaa	*stehen – setzen – stehen – setzen*
Ruka ruka ruka simama kaa	*hüpfen – hüpfen – hüpfen – stehen – setzen*
Tembea kimbia tembea kimbia	*gehen – rennen – gehen – rennen*
Ruka ruka ruka simama kaa	*hüpfen – hüpfen – hüpfen – stehen – setzen ...*

Dumelang mo Afrika – Willkommenstanz

Alter: ab 5 Jahren
Musik: Dumelang mo Afrika Nr. ~~22~~ 20

Aufstellung im Halbkreis. Die Bewegungen werden auf der Stelle ausgeführt, deshalb genügend Abstand zu den NachbarInnen halten.

Dumelang, di tsala tsa rona	*Rechter Fuß nach vorne, rechter Fuß zurück, linker Fuß stampft auf.*
Dumelang, di tsala	*Arme und Schultern im Takt kreisend bewegen.*
Dumelang, di tsala tsa rona	*Die rechte Hand mit der Oberfläche nach oben einladend zum Gruß nach vorn strecken und zurückziehen.*

Dumelang mo Afrika – Willkommen in Afrika

Nr. 20

Ein Tanzlied aus Namibia in Tswana-Sprache (Botswana). Gastfreundschaft ist dort eine Selbstverständlichkeit. Bei einem Besuch der primary school Abraham Gariseb am Fuße des Brandberggebirges im Norden Namibias veranstaltete der Autor dieses Buches einen Musikworkshop mit zweihundert namibischen Kindern von 5-12 Jahren. Theo Iyambo Naruseb aus Namibia erzählte, dass eine Einladung dort auch wirklich als Einladung gemeint ist, während er sich da in Europa nicht immer so sicher war. Und wenn der in Namibia Geladene dann Monate später tatsächlich völlig unangemeldet auftaucht – kein Problem und – Herzlich Willkommen.

Bevor das Tanzlied beginnt wird ein Begrüßungsgruß oder Dank ausgesprochen.
Alle Kinder sprechen im Takt:

Onena hatu hambele	Heute grüßen wir
Tse otwa oandula	Wir bedanken uns

trad. Namibia/Botswana
Bearbeitung: D. Ferber

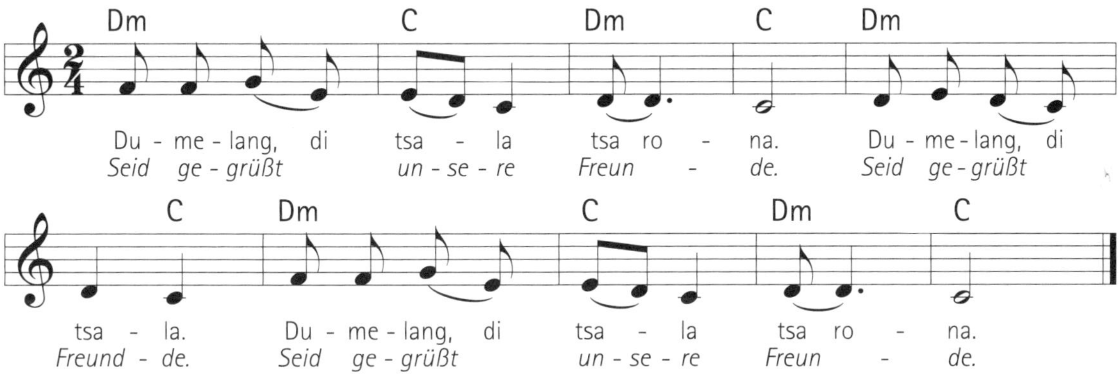

Dumelang, di tsala tsa rona	Seid gegrüßt unsere Freunde
Dumelang, di tsala	Seid gegrüßt, Freunde
Dumelang, di tsala tsa rona	Seid gegrüßt unsere Freunde

Omweya po – Ihr seid gekommen

Nr. 21

Die ethnologische Vielfalt, sowie die Verschiedenartigkeit der Sprachen und Kulturen von Herero, Himba, Nama, Owambo, Kavango und Damara prägen die namibische Gesellschaft. Die unterschiedlichen Bevölkerungsgruppen leben dort in einer friedlichen Koexistenz, was in Afrika keine Selbstverständlichkeit ist.

trad. Namibia/Owambo
Bearbeitung: D. Ferber

Omweya po – Gestentanz

Bei seinem Besuch in namibischen primary-schools wurde der Autor dieses Buchs mit dem Gestentanz Omweya po herzlich begrüßt. Über hundert Kinder versammelten sich im Schatten eines Baumes und sangen das Lied vielstimmig. Dabei tapsten sie barfuß auf den Boden und vollführten mit den Armen synchron Begrüßungsgesten.

Alter: ab 5 Jahren
Musik: Omweya po Nr. 21

Die Kinder stellen sich im Kreis (oder Halbkreis) auf. Ein Kind steht als Gast in einiger Entfernung zu den anderen.
Die TänzerInnen singen das Lied gemeinsam und begleiten es mit rhythmischer Fußpercussion. (s. S. 23)

Mit den Händen führen sie folgende einladende Gesten aus:

Omweya po	*die Hände nach vorne strecken und zur Brust (Herz) zurückführen*
Mu li nawa	*die Arme mit einer Halbkreisbewegung wippend zum Himmel strecken*
Tu kaleni moshibilo	*die Hände winken den Gast rhythmisch herbei*

Der Gast nähert sich in kurzen, rhythmischen Schritten der Gruppe.
Das Lied und die Gesten werden wieder und wieder wiederholt, bis der Gast schließlich ganz nah zur Gruppe gekommen ist und sich für die herzliche Begrüßung bedankt.
Die TänzerInnen weisen dem Gast einen Ehrenplatz zu – und bieten Wasser oder einen heißen Rotbuschtee an.

Israelische Horatänze – Jiddische Tanztradition

Nach der Zerstörung Jerusalems 70 n. Ch. nahm das jüdische Volk seine Tänze mit in die Diaspora. Fremdes Kulturgut wurde über Jahrhunderte aufgenommen und bereicherte das eigene. Nach der Gründung des Staates Israel 1948 kam es in Folge der Einwanderung zu einer Erneuerung der jüdischen Volks- und Tanzmusik. Aus der Wechselwirkung zwischen orientalischer und okzidentaler Volkskunst entwickelten sich ganz neue, interessante Spiel- und Volkstanzformen.
Die selbstbewussten Kinder Israels werden „sabre" genannt, sofern sie im Land geboren sind. Sabra ist der Name einer Kaktusfrucht, deren Eigenschaften auch die Landesjugend charakterisieren soll: außen stachlig und hart, innen aber wunderbar süß.
Und zur Begrüßung heißt es in Israel: Shalom – Friede.

Hava nagila – Tanzkreis

Musik: Hava nagila Nr. 12

Die TänzerInnen bilden sich an den Händen fassend einen Tanzkreis und begleiten ihren Tanz singend. Sie bewegen sich im Kreuzschritt, ihre Knie wippen mit.
Die Tanzrichtung wechselt (nicht zu schnell) von rechts nach links.

Tanzrichtung rechts
- linkes Bein kreuzt vor rechtem
- rechtes Bein geht seitwärts nach rechts
- linkes Bein kreuzt hinter dem rechten
- rechtes Bein geht seitwärts nach rechts

Tanzrichtung links
- rechtes Bein kreuzt vor linkem
- linkes Bein geht seitwärts nach links
- rechtes Bein kreuzt hinter linkem
- linkes Bein geht seitwärts nach links

Hava nagila – Lasst uns fröhlich sein

Nr. 12

Das Lied fängt langsam an und wird bei jedem Durchgang schneller und schneller ... Die Kinder tanzen Seitgalopp-Sprünge, bis sie erschöpft sind und sich fröhlich in den Armen liegen ...

trad. Israel
Bearbeitung: D. Ferber

hava nagila (lasst und fröhlich sein) · venismecha (und uns freuen)
hava neranena (lasst uns singen) · uru achim (Auf, Brüder)
belev sameach (mit Freude im Herzen)

Hora Kette (Klezmer-Kette) – Ausgelassen im Kreise tanzen

Der israelische „Nationaltanz" Hora stammt ursprünglich aus Rumänien und steht der Klezmer-Tradition nahe.
„Frejlach" kommt aus dem Jiddischen und bedeutet fröhlich. Ein Frejlach ist ein in der Klezmer Musik häufig wiederkehrender Rhythmus.
Die einfache Form der Bewegung verleiht diesem Tanz, der auf zahlreichen Tanzfesten vorgeführt wird, eine sehr schöne, regelmäßig-rhythmische Abwechslung des Zusammengehens und Ausbreitens. Die Grundfigur des Tanzes wird auf 4 Musiktakten ausgeführt und beliebig oft wiederholt.

Alter: ab 6 Jahren
Musik: Hava nagila Nr. 12

Die Kinder bilden eine Tanzkette und legen dazu jeweils ihren rechten Arm über die Schulter des rechten Nachbarkindes (rechte Hand auf rechte Schulter).
Die TänzerInnen kombinieren die beschriebenen Schrittfolgen beliebig, wechseln sie jedoch nicht zu schnell.
Die Tanzkette bewegt sich im Rhythmus der Musik:

- **Im Wiegeschritt hin und her**

Die Tanzkette bewegt sich „wiegend" seitlich zwei Schritte nach rechts, zwei Schritte nach links.
Schrittfolge hin: rechten Fuß einen Schritt nach rechts, linken Fuß ran,
rechten Fuß einen Schritt nach rechts, linken Fuß ran und auftippen
her: linken Fuß einen Schritt nach links, rechten Fuß ran,
linken Fuß nach links, rechten Fuß ran und auftippen ...

- **Im Wechselschritt nach rechts**

Die TänzerInnen drehen sich in der Kette leicht seitlich nach rechts in Tanzrichtung, die Schultern bleiben gefasst. Die Tanzkette bewegt sich nach rechts.
Schrittfolge: im Wechsel rechts, links, rechts – links, rechts, links ...

- **Im Wechselschritt rückwärts nach links**

Die TänzerInnen bleiben leicht nach rechts gedreht in Schulterfassung.
Die Tanzkette bewegt sich rückwärts nach links.
Schrittfolge: im Wechsel rechts, links, rechts – links, rechts, links ...

- **Im Wechselschritt vor**

Die Tanzkette bewegt sich im Wechselschritt vorwärts.
Schrittfolge: rechts, links, rechts – links, rechts, links – rechts stampf, links stampf, rechts stampf ...

- **Im Wechselschritt zurück**

Schrittfolge: rechts, links, rechts – links, rechts, links – rechts stampf, links stampf, rechts stampf ...

Variante
Die TänzerInnen bilden eine geschlossene Armkette (Ellenbogen einhaken).

- Im Kreis seitwärts nach rechts oder links gehen.
- „Tortenstücke ausschneiden" (je nach Größe des Kreises bleiben 2-4 TänzerInnen eingehakt) und in die Kreismitte vor und zurück in den Kreis gehen. Die Schritte sind leicht schleifend.

Asiatische Tanzkunst – Getanzte Gefühle

Die klassischen Tänze vieler asiatischer Völker beruhen in der Mehrzahl auf seit Jahrhunderten überlieferten, magisch-religiösen Grundlagen. Tanz hat die Aufgabe, die Verständigung des Menschen mit dem Universum zu vertiefen und gilt als Ausdruck menschlicher Gefühlsinhalte.
Der orientalische Tanz beruht hauptsächlich auf der Geste.
Die „westlichen" Tänze haben sich in einem steten Fluss von Neuerungen verändert und kennzeichnen das jeweilige Zeitalter. Es sind individuelle Schöpfungen, die deutlich den Stempel der Persönlichkeit zeigen. Die Tänze des Ostens dagegen wurden gemeinschaftlich und in steter Folge von Tanzmeistern geformt, die nie danach gestrebt haben, der Kunst ihren persönlichen Stempel oder den ihrer Zeit aufzudrücken. Sie bemühten sich vielmehr, die Regeln eines bestehenden Stils zu erhalten und zur Vollkommenheit zu bringen.
Neben den traditionellen Tanzformen gibt es auch – wie überall auf der Welt – unzählige Tänze mit Volkstanzcharakter. Außerdem gilt auch für Asien, was für die ganze Welt gültig ist: Die asiatische Jugend tanzt ebenfalls mit Begeisterung all die Modetänze, die heute gerade „in" sind.

Tanzen für die Götter – Indische Ausdruckstänze

Nach indischer Auffassung ist der Tänzer einer Puppe gleich ein Werkzeug in den Händen der Götter. Von alters her war Tanz Bestandteil des Gottesdienstes. Auch den Ursprung des Tanzes suchten die Inder bei den Göttern. Durch den kosmischen Tanz des Gottes Shiva soll die Welt selbst erschaffen worden sein. Shiva wurde in vielerlei Gestalt verehrt, ganz besonders aber als Nataraja, als König der Tänzer.
Die fünf klassischen Tanzstile – Bharatanatyam, Odissi, Manipuri, Kathak und Kathakali – erzählen mit ihren Darstellungen von Göttern und Dämonen, Helden und Schurken, Prinzen und Prinzessinnen. Körpersprache wie Gesten und Blicke, Sprünge und Drehungen zeigen ihre Gefühle. Jede Bewegung des Kopfes, der Augen und vor allem der Hände hat ihre besondere Bedeutung.
Neben den klassischen Ausdruckstänzen stehen unzählige indische Volkstänze. Einige davon werden traditionell nur von Kindern vorgeführt. In den Bergen Konkans wird zum Beispiel kurz vor Beginn des Monsun das Akshaya-Tritiya gefeiert:
Um den Regen herbeizuzaubern, tanzen Jungen und Mädchen im Kreis, während in der Mitte Öl auf einen Behälter voller Reismehl gegossen und angezündet wird. Fließt das brennende Öl über den Rand herab, heißt das, dass es bald Regen gibt.
Nach einer anderen Sitte tanzen nackte Kinder mit einem irdenen Krug von Haus zu Haus und bitten um Wasser. Ist der Krug voll, sollte auch die Dürre bald beendet sein.

Bharatanatyam – Der Körper schwingt mit der Melodie

yato hastas tato drstir
Wo die Hände sind (sich hinbewegen), dort ist der Blick
yato drstis tato manah
Wo der Blick ist, ist der Geist
yato manas tato bhavo
Wo der Geist ist, ist das Gefühl

Der Name Bharatanatyam setzt sich zusammen aus den Begriffen *bhava* (Ausdruck), *raga* (Melodie), *tala* (Rhythmus) und *natyam* (Tanz).
Der klassische Bharatanatyam-Tanz aus Südindien hat eine sehr lange Tradition. Ursprünglich wurde er in hinduistischen Tempeln getanzt. Der Tanz selbst enthält viele Figuren, die im Halbsitz gezeigt werden. Es gibt aber auch Bharatanatyam-Tanzbewegungen, die im Stehen ausgeführt werden.
Charakteristisch ist die Darstellung imaginärer Dreiecke mit Armen und Beinen. Etwa 120 genau festgelegte Bewegungssequenzen sind bekannt, die im Original einzeln mit Lautsilben (Sollukattus) versehen sind. Die Bharatanatyam Tänze sind in drei unterschiedliche Kategorien eingeteilt: Natya (Drama – u. a. Tanzposen historischer Tempelskulpturen), Nritya (gestenreicher Ausdruckstanz) und Nritta (ein reiner Tanz ohne Inhalt und Symbole – Rhythmische Tanzkunst).

Om Namaha Shivay –
Om, ich verneige mich vor Shiva

NR. 16

Shivas häufigste Darstellung ist Nataraja, der Meister des Tanzes. Der indischen Mythologie nach erschuf Gott Shiva den Kosmos – sowohl die materiellen als auch die transzendenten Welten – durch den heiligen Laut OM. OM war die erste Bewegung im ruhenden Bewusstsein (chittam). Der Tanz selbst ist Ausdruck des zyklischen Geschehens, das unser Leben beherrscht: Schöpfung und Zerstörung der Welten, Kommen und Gehen von Tag und Nacht, Geburt, Leben und Tod. Zum Zeichen der ihm innewohnenden Energie ist Shiva von einem Flammenkreis umgeben. In einer Hand hält er eine Trommel, mit der er den Rhythmus des Universums vorgibt. Tanz ist ohne Musik kaum vorstellbar. Dem gemäß ist Shiva Nataraj zugleich Ausdruck für den Schöpfungslaut OM.

trad. Indien
Bearbeitung: D. Ferber

Om Namaha Shivay
Om Namaha Shivay
Om Namaha Shivay Namah Om
Om Namaha Shivay.
Om Namaha Shivay
Om Namaha Shivay Namah Om

Om Shiva dir sei Dank.
Om Shiva dir sei Dank
Wir verneigen uns vor dir mit unserm Tanz
Wir verneigen uns vor dir
Wir verneigen uns vor dir
Wir verneigen uns vor dir mit unserm Tanz

Bharatanatyam Natya – Körpersprache in Vollendung

Im rhythmischen Natya (Tanzkunst) werden geometrische kreisende Adavus (rhythmische Bewegungsabläufe) zur Gestaltung von Rhythmus (tala) und Melodie (raga) ausgeführt. Nach der ständig sich wiederholenden meditativen Melodie schreiten die Kinder im Tanzkreis.

Alter: ab 6 Jahren
Musik: Om Namaha Shivay Nr. 16
Anbeenbathey – Liebe (CD: In 80 Tönen um die Welt, siehe Anhang)

Dieser Tanz besteht aus zwei Abschnitten: dem Tanz in die Mitte und dem Om Shiva Gruß.
Hinweis: Für die Umsetzung des Tanzes mit älteren Kindern, sollten die Beispiele für die richtige Körperhaltung beim Tanz (s. S. 38) eingeübt werden.

1. Tanz in die Mitte

Die Kinder stellen sich in einer Reihe mit ausreichend Abstand nebeneinander auf.
Mit schräg nach außen gestellten Gleitschrittchen gehen sie im Rhythmus zur Musik und bilden schreitend einen Kreis. Dabei machen sie mit den Armen anmutig kreisende Bewegungen:
- Beide Arme über dem Kopf zum Kreis fassen.
- Eine Kreisbewegung seitlich nach unten ausführen.
- Beide Hände in Brusthöhe wieder aneinander führen.

2. Om Shiva Gruß

Ist der Kreis geschlossen, verharren die TänzerInnen mit gefalteten Händen in aufrechter Position. Gibt die Tanzleitung ein Zeichen, begrüßen sich die KreistänzerInnen:
- in den Halbsitz gehen (s. Abb.)
- die Arme nach unten in Hüfthöhe (Handflächen berühren sich noch) und von der Hüfte seitlich mit einer Kreisbewegung über den Kopf führen, bis sich die Handflächen wieder berühren.
- Die gefalteten Hände zur Begrüßung vor die Stirn halten und sich leicht nach vorn verbeugen.
- Langsam aufrichten und die Hände vor die Brust halten. Om Shiva!

Angika-Abhinaya – Ausdruck durch Körperhaltung

Die im Folgenden beschriebenen Bewegungsabläufe zeigen Beispiele für die Körperhaltung beim indischen Ausdruckstanz. Ganz nebenbei fördern sie die Gelenkigkeit von Kopf bis Fuß.
Werden sie bei der Umsetzung des Bharatanatyam (S. 37) berücksichtigt, erscheint dieser Tanz in Perfektion!
Die Adavus (tamil. adu: tanzen) werden in drei verschiedenen Tempi ausgeführt:
vilambita (langsam), madhya (mittel), druta (schnell)

Musik: beliebige indische Musik
Om Namaha Shivay Nr. 16
Anbeenbathey (CD: In 80 Tönen um die Welt, siehe Anhang)

Damit sich die Kinder die folgenden Übungen leichter einprägen können, werden sie im Hintergrund mit Musik begleitet.
Beherrschen die TänzerInnen die Grundhaltungen, können sie nach diesem Muster eigene Figuren erproben – eine eigene Choreographie entsteht.

Grundhaltungen

Grundhaltung bei allen Schritten ist ein aufrechter Oberkörper.

- **Araimandi – Beinhaltung**
  Die charakteristische Grundposition ist die araimandi – Position der Beine: Die Füße nach außen gedreht und die Knie leicht gebeugt. Die Fersen bleiben am Boden. Aus dieser Position heraus werden fast alle Adavus ausgeführt.
  Mit Beinglöckchen bringen die TänzerInnen ihre Bewegungen zum Klingen.
- **Natyarambha – Armhaltung**
  Natyarambha – Beginn des Tanzes: Die Arme waagrecht, parallel zum Boden, in Schulterhöhe halten, die Ellbogen leicht anwinkeln und die Handflächen nach vorne strecken.
- **Nrttahasta (Mudras) – Handhaltung**
  Die Handflächen mit gestreckten Fingern nach vorne strecken. Mit fließenden, geschmeidigen Bewegungen geometrische Mandalamuster in die Luft „zeichnen".
- **Pathaka**
  Die flache Handfläche, bei der alle Finger nebeneinander liegen. Diese Handhaltung wird häufig eingenommen, wenn beide Arme zur Seite ausgestreckt sind.
- **Katakamukaha**
  Sehr gebräuchliche Symbolgeste mit vielerlei Bedeutung, die unter anderem bei der traditionellen Begrüßungsreihenfolge der Schüler für die Lehrerin benutzt wird:
  Zeige- und Mittelfinger gestreckt auf die Daumenspitze legen. Ringfinger und kleinen Finger weit nach oben abspreizen.

Bewegungsabläufe (cari: Bewegung)

- **Seitstell-cari**
  Arme waagerecht nach außen halten.
  Die Hände in der Pathaka Position.
  Die Beine in der Araimandi Grundposition.
  Aus der leichten Hocke heraus die Beine im Rhythmus zur Musik einmal nach rechts, dann nach links gleiten lassen.
  Die Augen verfolgen mit großer Aufmerksamkeit (Gesichtsausdruck) die Zehenspitzen.
  Kopf, Nacken und Schultern bilden eine Einheit und werden zusammen leicht seitwärts bewegt.

- **Gesten-cari**
  Zu den rhythmisch ausgeführten Seitstell-cari Bewegungen lassen sich beliebig viele Gesten in die Luft zeichnen.
  Ausgangsstellung sind die „betenden Hände" von denen die Bewegungen ausgehen, z. B.: Arme nach seitwärts rechts. Dann spiegelbildlich nach links.
  Die Kinder erfinden schnell eigene geometrische Gesten, die sie möglichst synchron aufführen.

Japanischer Tanz – Die Kunst in den Himmel zu steigen

JapanerInnen haben einen sehr feinen Sinn für Schönheit und verfügen über ein einmaliges ästhetisches Empfinden. Nicht umsonst pflegen EuropäerInnen und AmerikanerInnen gerne den japanischen Einrichtungsstil, und Sushi ist in aller Munde.
Wer diese Perfektion schafft, muss lange geübt haben. Und so ist es auch. Die traditionellen Künste wurden und werden in Japan von vielen, vielen AnhängerInnen über Jahrhunderte unverändert gepflegt und perfektioniert: Klassischer Tanz, Kalligraphie, Ikebana und Teezeremonien erfreuen sich auch im modernen Japan enormer Beliebtheit.
Die Grundlage des klassischen japanischen Tanzes bilden uralte Mythen.

Im Gegensatz zu früheren Generationen ist die heutige japanische Jugend kulturell nicht mehr überwiegend national, sondern zunehmend auch international geprägt. Das gilt für viele Lebensbereiche, auch für Musik und Tanz. Dank ihrer gelungenen Übersetzung werden zum Beispiel viele deutsche Volks- und Kunstlieder seit Jahrzehnten in Japan gesungen und geliebt! Das Lied vom immergrünen Tannenbaum lernen viele japanische Kinder in der Schule. Versuchen Sie doch einmal, das Lied mit japanischen Silben zu singen – das macht nicht nur Kindern Spaß!

Mominoki, Mominoki, oi-ya shige-reru
O Tannenbaum, o Tannenbaum, wie treu sind deine Blätter

もみの木　もみの木　いつも緑よ

Die japanische Legende von der Entstehung der Welt

Am Anfang herrschte Dunkelheit, denn Amaterasu, die Göttin der Sonne, thronte noch nicht am Himmel. Sie lebte ganz zurückgezogen in einer Höhle. Finster, eiskalt und ohne Leben war unsere Welt. Da nahm Gott sechs riesige Bögen. Er band sie zusammen und schuf so die erste Harfe. Auf dieser Harfe spielte Gott die allerschönsten Melodien. Von den betörenden Klängen angelockt, erschien die bezaubernde Nymphe Ameno-Uzume. Sie war hingerissen von der Harfenmusik und fing an zu tanzen – und zu singen. Amaterasu hörte die wunderschöne Musik, die aus der Ferne zu ihr drang. Um besser lauschen zu können, lugte die Sonnengöttin schließlich aus ihrer Höhle hervor: Im gleichen Augenblick erstrahlte die ganze Welt im hellen Licht. Die Sonne schien hell und warm. Blumen, Pflanzen und Bäume fingen an zu wachsen. Fische und Vögel, Tiere und Menschen betraten die von Licht erfüllte Erde.

Die Götter aber beschlossen, fortan Gesang und Tanz zu pflegen, damit die Sonnengöttin Amaterasu nie mehr in ihre Höhle zurückkehre, denn sie wussten: Es war zwar die Sonne, die das Leben hatte beginnen lassen, aber ohne die Harfenmusik der sechs großen Bögen und ohne den Gesang der Nymphe Ameno-Uzume hätte sich Amaterasu, die Göttin der Sonne, nie auf ihrem himmlischen Thron niedergelassen. Sie wäre wohl ewig in ihrer Höhle geblieben: Also war es der Klang, waren es Musik und Tanz, mit denen die Welt begann.

Sakura – Kirschblütentanz

Der Sakura-Tanz ist ein beschwingter Kreistanz, der die Leichtigkeit des Frühlings mit den im Wind „kreisenden" Kirschblütenblättern symbolisiert.

Alter: ab 6 Jahren
Musik: Sakura Nr. 14

- Die Kinder sitzen im **Seiza (Kniesitz)** im Kreis:
  Die Beine sind hinter dem Körper verschränkt und der Popo ruht auf den Fußsohlen.
  Der Oberkörper ist gerade, die Knie sind ein wenig auseinander.
  Die Hände ruhen auf den Oberschenkeln.
- Der Tanz beginnt mit einer **Gassho-Verbeugung**
  Gassho ist die Abkürzung des zen-spezifischen Wortes gatsu-sho und bezeichnet die traditionelle Verbeugung mit zusammengelegten Handflächen. In anderen buddhistischen Schulen heißt diese Gebärde Namaste. Wörtlich übersetzt: „Ich verbeuge mich vor dem Göttlichen in dir."
  Die Kinder legen die Handflächen aneinander, halten sie etwa in Kinnhöhe und verbeugen sich leicht.

- **Koto-Rhythmus Trippelschritte**
  Zu den „perlenden" Kotoklängen (Koto: japanische Wölbbrettzither) trippeln die TänzerInnen auf den Zehenspitzen mit kurzen Schrittchen im Wechsel
  migi: eine Runde nach rechts
  hidari: eine Runde linksherum ...
  Dabei stellen sie als poetische Tanzgeste mit den Händen fallende Blütenblätter dar.
  (Zur Frühlingszeit werfen sie den ZuschauerInnen Kirschblüten zu.)
  mawate: bei jeder Kehrtwende (mawate = wenden) ein fröhliches „hai" (ja, in Ordnung) ausrufen.

- **Shakuhachi-Melodie Dreher**
  Die japanische Shakuhachi Flöte zählt zu den technisch anspruchvollsten Holzblasinstrumenten. Durch die Technik des Überblasens lassen sich wunderschöne Melodien spielen.
  Mit Einsatz der Shakuhachi Melodie bleiben die TänzerInnen stehen und drehen zu den Flötenklängen Pirouetten: mehrfache Solodrehung auf einem Fuß, die Arme dabei weit nach außen strecken.

- **Taiko-Finale**
  Auf japanisch heißt Taiko „große Trommel". Der Schlag auf die mit Tierfell bespannten Holzfässer durchdringt Körper und Raum, sowie auf unverwechselbare und berührende Weise auch die Seele.
- Mit Einsatz der Taiko Trommel wird der aufkommende Sturm inszeniert.
  Die TänzerInnen laufen (hüpfend und sich drehend) wie durch die Luft wirbelnde Kirschblüten.
- Die Taiko Trommeln klingen leiser ... Alle tanzen zur Kreismitte.
- ...und verhallen schließlich ganz: Alle kauern sich ganz eng zusammen.
  Der Tanz ist zu Ende.

Sakura – Kirschblütenlied

Nr. 14

sakurabana	*Ich denke nicht*
toku chirinu mo	*Dass die Kirschblüten*
omôezu	*So früh schon fallen*
hito no kokoro zo	*Des Menschen Herz dagegen wartet*
kaza mo fukiaenu	*Nicht einmal das Wehen des Windes ab*

Alles Neue wird in Japan mit der Kirschblüte in Verbindung gebracht. Der Kindergarten beginnt in dieser Jahreszeit, die Einschulung, staatliche Prüfungen, die meisten Hochzeiten und vieles andere. Jedes Jahr im Frühling warten die Menschen in Japan sehnsüchtig auf den Beginn der Kirschblüte. Mit den ersten Blüten beginnt auch hanami, das traditionelle Kirschblütenfest. Familien, Freunde und Kollegen ziehen in Scharen mit wohl gefüllten Picknickkörben los und suchen sich einen Kirschbaum. In den Stadtparks und auf dem Land, im Garten und auf der Wiese: Die Menschen sitzen unter der Blütenpracht, essen, trinken, tanzen, spielen und freuen sich über die herrlichen und doch so vergänglichen Blüten.
Von der Kirschblüte handelt auch das wahrscheinlich am häufigsten gesungene Volkslied Japans: Sakura, Sakura

trad. Japan
Bearbeitung: D. Ferber

Chinesischer Tanz – Kontrollierte Bewegung als Ausdruck geistiger Energie

„Jedes Wochenende herrscht vor dem Eingang der Tanzhochschule Beijing emsiges Treiben. Die Leute besuchen hier Tanzkurse. Unter ihnen viele Kinder, die von ihren Eltern hierher gebracht werden. Immer mehr Leute leben in Wohlstand und wollen, dass ihre Kinder auch eine musische Ausbildung erhalten. Außer an Kursen für chinesische Volkstänze und moderne westliche Tänze nimmt ein großer Teil der Besucher an Ballettkursen teil. Die meisten davon sind Kinder, deren Eltern glauben, dass Ballett den Kunstsinn ihrer Kinder fördert."

(Yin Xingchuan aus Beijing/ Peking)

Das heutige China widmet der Tanzpflege große Aufmerksamkeit. Tanz ist in China seit jeher ein integrierender Bestandteil fast aller Musikausübung. Eine ganz wichtige Rolle im chinesischen Musik- und Tanzleben spielt die jahrtausende alte Tradition des Musiktheaters.
Tanz gehört in China aber nicht nur zum Musiktheater, sondern bildet durch zahlreiche Bewegungskünste wie z. B. Tai-Chi auch einen wichtigen Bestandteil des Alltags. Da Bewegungskunst in China eine sehr lange Tradition hat, wachsen die meisten Kinder ohnehin mit tänzerischen Bewegungen auf. Und Tradition wird im modernen China groß geschrieben. So sind auch die jährlich stattfindenden traditionellen Feste bis heute mit entsprechenden, seit Generationen überlieferten, tänzerischen Darbietungen verbunden.
Als Motto für die folgenden tänzerischen Aktionen haben wir das Frühlingsfest ausgesucht, das für chinesische Kinder einen sehr hohen Stellenwert hat und mit Spiel, Spaß und Tanz verbunden ist. Das Frühlingsfest zur Begrüßung des Neuen Jahres ist in China eines der wichtigsten traditionellen Feste. Dem chinesischen Mondkalender folgend beginnt es immer „am ersten Tag im ersten Monat".

I dschtschingua – Das Lied vom Frosch

Nr. 15

Die Festvorbereitung beginnt mit einem Kinderlied aus der chinesischen Provinz Szetschuan. Zur Einstimmung auf die fernöstliche Klang- und Tanzwelt hören und singen die Kinder das Lied. Für die nachfolgenden Tanzspiele ist das Froschlied dann das musikalische Motiv.

trad. China
dt. Text: Gret Lischka (geb. 1925)

Jeder Frosch, ob groß, ob klein
Hat zwei Augen und vier Bein'
Einen Mund zum Trinken gar.
Hei, trinkt er nicht

Das ist wahr
Friedlich wird nächstes Jahr!
Pflaumenblüten fallen weich
Gleiten still auf dem Teich.

Gong He Xin Xi – Ein glückliches chinesisches Frühlingsfest

Wushu-Tanzgesten-Balancetanz · Tai-Chi Kranich-Froschtanz · Yangge-Umzugs-Tanz

Unser Frühlingsfest für Kinder setzt sich aus verschiedenen Einzelelementen zusammen, die sich auch in anderer Reihenfolge beliebig miteinander kombinieren lassen. Dabei ist zu beachten, dass für einige Tanzaktionen eine gewisse Übungs- bzw. Vorbereitungszeit notwendig ist. Weitere Vorbereitungen wie Basteleien, Dekoration und – falls gewünscht – Zubereitung einiger chinesischer Leckereien lassen sich gut in ein entsprechendes Frühlingsfest-Projekt einbinden.

1 dschtschingua – Begleitorchester

Zum Einstieg wollen wir mit dieser Anregung zunächst die PädagogInnen einmal zum Musizieren mit chinesischen Texten ermuntern. Denn die Kinder entwickeln hier oft eine erstaunliche Ausdauer!

Alter: ab 5 Jahren
Material: Trommeln, Bleche, Klangstäbe, evtl. Blockflöte
Musik: I dschtschingua Nr. 15
Anleitung: Das Lied wird in einer pentatonischen Tonart vorgetragen.

Mit Orff'schem Instrumentarium lässt sich leicht ein Begleitorchester zusammenstellen.
Den Rhythmus mit Trommeln, Klangstäben und Blechen in gemäßigtem Tempo spielen.
Da die Melodie leicht zu lernen ist, kann sie auch von Kindern mit der Blockflöte nachgespielt werden.
Die InstrumentalistInnen spielen die Musik mit „fließenden Körperbewegungen".
Alle Kinder wiegen sich im Takt hin und her.

Wushu – Bewegungskunst

Wushu ist eine Bewegungskunst, die wesentlich mehr als nur Kampf oder Selbstverteidigung beinhaltet. Auch Akrobatik, ballettartige Choreographie und fernöstliche Philosophie bilden Elemente des Wushu. Basisübungen und Formen des Wushu kräftigen Muskeln und Bänder des gesamten Körpers, halten die Gelenke intakt und fördern Leistungsstärke und Widerstandsfähigkeit. In regelmäßigen Abständen veröffentlicht die chinesische Regierung Gesundheitspläne mit dem Ziel, körperliche Konstitution und Gesundheitsniveau des chinesischen Volkes umfassend zu erhöhen. Der Schwerpunkt liegt bei den Kindern und Jugendlichen, mit denen bereits im Kindergarten Wushu-Frühgymnastik praktiziert wird. Und das täglich!

Wushu-Tanzgesten – Balanceübungen

Bevor die Kinder den Wushu-Aufführungstanz (S. 49) oder den Tai-Chi Kranich-Froschtanz (S. 52) aufführen, studieren sie die Wushu-Balance-Techniken als Aufwärmübungen. Dies geschieht am besten über einen längeren Zeitraum – probieren Sie es einfach mal 2 Wochen aus. Das Gleichgewichtsgefühl von Kindern lässt sich durch regelmäßiges Training erheblich verbessern.
Für unsere Übungen haben wir Balancefiguren zusammengetragen, bei denen die Kinder auf einem Bein stehen müssen. Medizinischen Studien zufolge fällt das deutschen Kindern nämlich auffallend schwer!

Alter: ab 4 Jahren
Material: praktische Tanzkleidung, Turnmatte (falls vorhanden)
Hinweis: Die Balanceübungen sollten barfuß ausgeführt werden.

Die Tanzleitung führt eine Wushu-Balancefigur vor, die Kinder üben anschließend diese Figur synchron mit der Tanzleitung auszuführen.
Das sieht zu Anfang meist unbeholfen aus. Werden die Figuren aber regelmäßig über eine längere Zeitspanne als Morgengymnastik praktiziert, ist der Erfolg sichtbar und auch die Kraft der Wushu-Übungen spürbar.

Wushu Balance-Tanzgesten

1. Ti Xi Ping Heng – Kranichstelze

Aufrechte Grundstellung einnehmen, die Arme in der Taille aufstützen und im Wechsel

- den Kopf nach links drehen
- das linke Knie langsam und anmutig möglichst weit nach oben ziehen und langsam wieder senken
- den Kopf nach rechts drehen
- das rechte Knie nach oben ziehen und wieder senken ...

2. Ce Ju Tui Ping Heng – Luftspagat

Aufrechte Grundstellung einnehmen und den Kopf nach links drehen. Gleichzeitig

- rechten Arm gerade nach oben strecken
- linken Arm vor der Brust kreuzen
- und das linke Bein nach oben strecken.

Der Luftspagat wird abwechselnd nach rechts und links ausgeführt.
Am Anfang die Übung mit Schwung durchführen, später aber langsam und anmutig.

3. **Bai He Liang Chi – Der weiße Kranich breitet seine Schwingen aus**

Aus der aufrechten Haltung heraus

- den Oberkörper mit geradem Rücken und erhobenem Kopf nach vorne, möglichst waagerecht neigen –
- beide Arme wie Flügel ausbreiten und ein Bein gerade nach hinten strecken.
  Wenn die Balance gefunden ist, werden die Arme wie die Flügel eines Kranichs langsam auf und ab bewegt.

4. **Tan Hai Ping Heng – Beugespagat**

Aus der aufrechten Haltung heraus

- das rechte Bein nach hinten oben wegstrecken.
  Dabei wandert der Oberkörper möglichst langsam mit geradem Rücken und erhobenem Kopf nach vorne.
- den linken Arm nach vorne
- den rechten Arm zum ausbalancieren nach hinten strecken.
  Den Beugespagat abwechselnd einmal auf dem rechten und linken Fuß aufsetzen.

5. **Kou Tui Ping Heng – Lotosbeuge**

Mit seitlich ausgestreckten Armen und Blick nach rechts

- zuerst das linke Fußgelenk hinter das rechte Knie klemmen,
- dann in die Hocke gehen.
  Anschließend wechseln.

Wushu-Aufführungstanz

Aus der Kombination verschiedener Wushu-Bewegungselemente entsteht nun ein Tanz, der sich bei einer Aufführung durchaus sehen lassen kann. Es sieht sehr schön aus, wenn eine Gruppe die gut geübten Balancefiguren synchron vorführt.

Yao ya yao dao wai po qiao qiao – Kleines Schiffchen schaukle sacht
shang jin que zha zha jiao – Wieg' dich in die gute Nacht
Yao ya yao dao wai nian ao – Durch die Stille lau und lind
Wai po song wo shang hua jiao – weht der sanfte Abendwind

(Chinesisches Wiegenlied)

Alter: ab 4 Jahren
Material: schwarze Leggings, weißes T-Shirt, „Chinesenhut" aus gelbem Karton mit aufgemaltem chinesischem Zeichen für Tanz (siehe Kapitelüberschrift), akustisches Signal (Gong, Triangel)
Musik: I dschtschingua Nr. 15

Die TänzerInnen stellen sich in mehreren Reihen mit ausreichend Abstand hintereinander auf. Mit Einsatz der Musik führen alle die erste Balancefigur (s. S. 47) aus.
Die Tanzleitung gibt mittels akustischem Signal (Gong, Triangel ...) das Zeichen für die zweite und alle folgenden Figuren.

Tai-Chi

Tai-Chi (oder: Taiji) ist eine chinesische Bewegungskunst, die vor über 600 Jahren von taoistischen Mönchen entwickelt wurde und bis heute nichts von ihrer Aktualität verloren hat. Täglich zur frühen Morgenstunde stimmen viele ChinesInnen ihren Körper auf diese Weise in Ruhe auf den Tag ein. Chinesische Kinder fangen mit etwa drei Jahren an zu üben.
Tai Chi basiert auf einzelnen Stellungen, die nach bestimmten Prinzipien, der so genannten „Form", zusammengefasst ausgeführt werden. Die langsame, gleichmäßig fließende Ausführung fördert und kultiviert Körperkoordination, innere Energie (Chi) und geistige Konzentration. Im Unterricht wird der so genannte „Yang Stil" gelehrt.
Da Tai-Chi vom Einssein des Menschen mit der Schöpfung ausgeht und dieses Einssein fördert, tragen die meisten Bewegungsabfolgen Namen aus der Natur, der Tier- und Pflanzenwelt, z. B: „Der Kranich öffnet die Flügel". Diese bildhaften Instruktionen schulen bei Kindern das Vorstellungsvermögen und wecken Fantasie: Im Frühjahr, zur Balzzeit, führen die Kraniche hüpfend und mit den Schwingen schlagend einen eigenartigen Tanz auf, sie laufen umeinander herum und nehmen Grasbüschel oder kleine Zweige im Schnabel vom Boden auf, die sie dann in die Luft werfen. Ein solcher Vogeltanz wirkt ansteckend auf die anderen, bald sind ganze Gruppen der langbeinigen Vögel in Bewegung und tanzen zum Frühlingsfest.
Zur Einstimmung und zum besseren Verständnis passt die folgende Geschichte von der Entstehung dieser faszinierenden Kunst.

Tai Chi Chuan

Vor langer, langer Zeit saß einmal ein Mensch irgendwo in einem beliebigen Teil der Welt auf dem Gipfel eines Berges und beobachtete still die Natur.
Beseelt von den natürlichen Bewegungen der Welt um sich herum fing er spontan an zu tanzen: All jene Elemente der Natur, die er leicht erfassen konnte, ahmte er in ihren Bewegungen nach. Vollkommen öffnete er sich den Kräften der Natur – und wurde eins mit Himmel, Erde, Feuer, Wasser, Bäumen, Blumen, Wind, Vögeln, Fischen und Schmetterlingen.
Sein Tanz beglückte den Menschen so sehr, dass sein ganzes Wesen sich auf das Vollkommenste verwandelte. Von einem überströmenden Glücksgefühl erfüllt gab er jeder Bewegungsfolge einen poetischen Namen: „Der weiße Kranich schlägt mit seinen glänzenden Flügeln", „Hin und her wogende Wolkenhände", „Goldene Vögel balancieren auf einem Bein", „Umarme den Tiger und kehre zum Berg zurück" ...
So wurde dieser Mensch einst zum Schöpfer des Tai-Chi-Tanzes.

Pao, Hok, Fu, Lung und Shi – Tierische Forbewegung

In der chinesischen Bewegungsschule werden fünf Tiere mit Vorliebe im Tanz verwandt: der Leopard (Pao), der weiße Kranich (Hok), der Tiger (Fu), der Drache (Lung) und die Schlange (Shi).
Im Tai-Chi gibt es neben den klassischen Techniken (13 Grundtechniken) zahllose Bewegungsformen, die Kindern den Einstieg in die chinesische Bewegungskunst erleichtern.
Wir haben „tierische" Bewegungsspiele ausgewählt. Wer möchte nicht gerne einmal eine Maus fangen, oder sich wie ein fauchender Drache winden?

Musik: beliebige chinesische Musik, z. B. I dschtschingua Nr. 15
Hinweis: Für ein „Tai-Chi" Aufführungsspiel schminken sich die Kinder und kostümieren sich fantasievoll entsprechend ihrer Rolle.

Die Wushu Balance-Tanzgesten sollten als Vorübung einstudiert worden sein. Danach entwickeln die Kinder ihre eigenen Tanzgesten zu den jeweiligen Tieren und führen deren Bewegungen wie in Zeitlupe aus. Zu Anfang wird „trocken" geübt. Dann die Bewegungsthemen mit fantasievollen Gebärden und unterstützender Mimik zur beruhigenden chinesischen Musik ausführen.
Die lustigen Bewegungsthemen animieren einfach zum Mitmachen!

Jin Ji Shang Jia Der Goldene Hahn sitzt auf dem Posten
Stolz und aufgebläht hockt der eitle Hahn und beäugt neugierig die Umgebung.

Bo Chao Xun She Die Schlange pirscht durchs Gras
Mit listigem Blick und geschmeidigen Bewegungen nach Beute Ausschau halten.

Ling Mao Pu Shu Die flinke Katze fängt die Maus
Paare bilden: Geschmeidige Katzenkinder greifen mit den Tatzen begierig nach den flinken Mäusen, die sich vorsichtig ducken und fahrig hin und her zucken.

Er Long Xi Zhu Zwei Drachen spielen mit einer Perle
Paare bilden: Im Mittelpunkt des Geschehens steht eine imaginärer Schatz. Fauchend und mit Flügelschlag (Arme anwinkeln) spielen die feurigen Drachen.

Ying Xiong Dou Zhi Adler und Bär überlisten sich gegenseitig
Paare bilden: Voller Misstrauen begegnen sich der tapsige Bär und der stolze Adler. Sie zeigen drohende Gesten im Wechsel mit unterwürfigen Duckbewegungen.

Tai-Chi Kranich-Froschtanz

Bei diesem Kreistanz tanzen ausnahmsweise Frösche und Kraniche gemeinsam.

Alter: ab 5 Jahren
Musik: I dschtschingua ◉ Nr. 15

Die TänzerInnen bilden Paare (ein Frosch und ein Kranich) und stellen sich im Tanzkreis auf. Die Kinder bewegen sich im Uhrzeigersinn. Dabei „picken" die „staksigen" Kraniche tänzerisch nach den hüpfenden Fröschen ...
Beim nächsten Durchgang wechselt die Tanzrichtung und die Kinder tauschen ihre Rollen.

Die Kraniche
Die Kranichkinder staksen möglichst aufrecht und schreiten zur Musik:

- die Beine dabei möglichst hoch anziehen (s. Kranichstelze S. 47)
- und mit beiden Armen (Schnabel) „Schnappbewegungen" ausführen.

Die Bewegungen sind keinesfalls hektisch, sondern möglichst kontrolliert und behutsam – fast wie in Zeitlupe.

Die Frösche
Die Froschkinder hüpfen zum Rhythmus der Musik:

- 3 Schrittchen aufrecht gehen
- in die Hocke gehen, die Arme nach vorne strecken und beide Handflächen mit weit gespreitzten Fingern am Boden aufsetzen
- mit einem kleinen Froschhüpfer auf beiden Füßen abspringen und wieder in die aufrechte Haltung übergehen.
- Wieder 3 Schrittchen ...

Der Yangge-Umzugs-Tanz

Zum traditionellen chinesischen Frühlingsfest gehören Dorf-Kostümparaden und Yangge-Tanzvorführungen. Die Dorf-Kostümparade hat in China eine lange Geschichte. Alle TeilnehmerInnen sind Freiwillige und es gibt keine Entlohnung für die Teilnahme, vielmehr gilt es als Ehre und Pflicht, an dieser Parade mitzuwirken. Der Yangge-Umzugstanz ist ursprünglich ein von Trommeln, Triangeln und Handklatschern begleiteter Spektakel-Verkleidungstanz.
Für unseren Yangge-Umzugstanz greifen wir auf die Tiere zurück, die in den vorhergehenden Übungen bereits tänzerisch dargestellt und geübt wurden.

Alter: ab 5 Jahren
Material: Festplatz, ausgewählte Tierkostüme und/oder „ChinesInnenkostüme" (s. Wushu-Aufführungstanz, S. 49), Instrumente (Trommeln, Gongs, Klangstäbe, Triangeln ...)
Musik: I dschtschingua Nr. 15

Der Yangge-Umzugstanz eignet sich als spektakulärer Auftritt der Kinder bei einem Fest, an dem die vorher einstudierte musikalische Begleitung und die Tänze aufgeführt werden.
In entsprechenden „chinesischen" Kostümen ziehen die Kinder hintereinander her auf den Festplatz und imitieren „ihr" jeweiliges Tier durch die vorher eingeübten tänzerischen Bewegungen.
Die Instrumentalgruppe begleitet das Geschehen.
Und nach dem feierlichen Einzug folgen die weiteren Tänze ...

Tipp: In unserem Buch „In 80 Tönen um die Welt" (s. Anhang) finden sich unter dem Kapitel „China" eine Reihe weiterer Tänze, die sich ebenfalls sehr gut für ein chinesisches Frühlingsfest zur Aufführung eignen, z. B.: Die Seidenraupe, Flaggentanz, Schirmchen-Drehtanz, Seidentuchtanz-Schwenktanz und Tanzende Lotosblätter"

Australien – Ferner Kontinent am „anderen Ende der Welt"

„Es heißt, wir seien seit 60.000 Jahren hier, aber wir leben hier schon viel länger.
Wir sind schon in der Zeit vor der Zeit hier gewesen.
Wir sind direkt aus derTraumzeit unserer schöpferischen Ahnen gekommen
und wir haben hier gelebt und die Erde so erhalten,
wie sie am ersten Tag war."

(Ausspruch eines Aborigine)

In Australien stehen jahrtausend alte Traditionen der Aborigines genannten Ureinwohner im Kontrast mit den sozialen Strukturen eines modernen, überwiegend britisch-amerikanischen Einwanderungslandes. Bereits vor Jahrtausenden lebten die Aborigines die behutsame Behandlung der Erde vor. Sie praktizierten genau das, was heute als neues ökologisches Denken gilt. Erst seit Mitte des 20. Jahrhunderts werden die kulturellen Werte der Aborigines überhaupt gewürdigt. Doch die wenigsten leben heute noch nach Art ihrer Vorväter.
Da die Aborigines keine Schrift kennen, konzentriert sich das gesamte Wissen auf wenige alte Männer. Die berühmt gewordenen Tänze der Aborigines dienen der Weitergabe mythologischen und spirituellen Wissens. Auf pantomimische Art und Weise erzählen sie von den Abenteuern der mythologischen Traumzeit-Wesen, von der Jagd oder der Fruchtbarkeit ...

Abeeyo corroborees – Australischer Tanz & Musik

Eine der zahlreichen Geschichten über die Entstehung des Didgeridoo, eines der ältesten Musikinstrumente der Menschheit, erzählt Folgendes:

Vor etlichen tausend Jahren wanderten Männer auf Nahrungssuche durch das Buschland im Norden Australiens. In einem hohlen Baum entdeckten sie kleine Tiere. Um an die Beute zu kommen, blies einer der Männer in den Baumstamm hinein. Überrascht vom eigenartig tiefen Ton, der aus dem Holzrohr kam, spielte er weiter. Und die übrigen Männer klatschten und tanzten zum Rhythmus dieser Musik.
Die Musik der Aborigines ist inzwischen weltweit bekannt. Im Mittelpunkt steht das Didgeridoo, ein ca. 1,5 m langes, hölzernes Blasinstrument, das oft mit traditionellen Motiven (Waranen, Fischen etc.) in der ganz eigenen Punkte-Maltechnik der Aborigines verziert ist.
Australische Aufführungen mit Musik und Tanz werden corroborees genannt.

Abeeyo A – Welcome Australien

Nr. 24

Ein einfaches Aboriginal-Begrüßungslied, das auf der Tradition des Call & Response – des Ruf & Antwort Prinzips – basiert. Es besteht aus zwei Tonsätzen. Der erste – ein lang gehaltener Ton – gleicht einem lauten Ruf, als würde man jemanden aus der Entfernung begrüßen.

trad. Australien

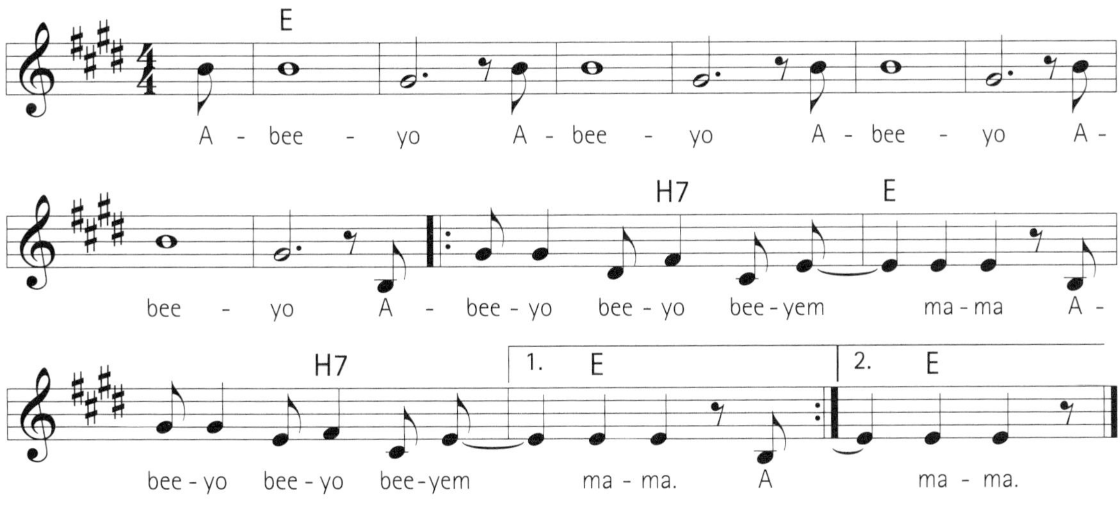

VorsängerIn
A-bee-yo
A-bee-yo
A-bee-yo bee-yo, bee-yem ma-ma
A-bee-yo bee-yo, bee-yem ma-ma

Hey hallo Hey hallo
Hey hallo Hey hallo
Wir freun uns dass ihr heute bei uns seid
Wir freun uns, dass ihr heute bei uns seid

Gruppe
A-bee-yo
A-bee-yo
A-bee-yo bee- yo, bee-yem ma-ma,
A-bee-yo bee-yo, bee-yem ma-ma,

Hey hallo Hey hallo
Hey hallo Hey hallo
Wir freun uns, dass ihr heute bei uns seid
Wir freun uns dass ihr heute bei uns seid

Abeeyo Echo Singen

Musik: Abeeyo A Nr. 24

Die Kinder bilden zwei Gruppen und stellen sich in zwei Ecken des Raumes einander gegenüber auf.
Zunächst üben sie durch „Rufendes Singen" die Klangfarbe zu finden, die nötig ist, um über die Entfernung miteinander zu kommunizieren.
Haben sie ihren Ton gefunden, singen sie das Lied nach dem Echo-Prinzip:
Eine Gruppe singt die Begrüßungsformel und hält den letzten Ton der Phrase, während die andere als Echo „antwortet". Im „fliegenden" Wechsel klingt das Echo mal aus der einen, mal aus der anderen Ecke des Raumes.
Hinweis: Setzen sich einige Kinder im Wechsel mit geschlossenen Augen in die Mitte, können sie dieses Klangerlebnis „hautnah" spüren.

Abeeyo Pantomimen Tiertanz

Die australische Tierwelt ist absolut einzigartig, da zahlreiche Tierarten – im Besonderen die Beuteltiere – ausschließlich auf diesem Kontinent vorkommen. Es wird angenommen, dass es in Australien bis zu 30.0000 verschiedene Tierarten gibt.
Die Aborigines verwenden viel Zeit darauf, Tiere zu beobachten und ihren Stimmen und Geräuschen zu lauschen. Singend und tanzend prägen sie sich die Merkmale der einzelnen Tiere genau ein.
Die Gebärdensprache der Tiere lässt sich auch von Kindern nachmachen. Für unseren pantomimischen Tiertanz haben wir fünf typisch australische Tiere ausgesucht.

Alter: ab 4 Jahren
Musik: Abeeyo A Nr. 24

Die Kinder bilden einen Tanzkreis. Die Tanzleitung/ein Kind steht als VorsängerIn in der Mitte.
Während die Tanzleitung singt, führen die Kinder im Uhrzeigersinn gehend tänzerische Pantomimebewegungen aus. Ist ihr Ruf zu Ende, halten die „Tiere" in ihrer Bewegung inne und „antworten" als Echo.
Jede Runde imitieren die TänzerInnen ein anderes Tier mit entsprechenden Bewegungen:

Känguru – Doing-Doing Hüpfer
Ein Riesenkänguru kann eine Höhe von bis zu 2,1 m erreichen und bis zu 9 m weit springen:
- Die Kinder hüpfen federnd mit beiden Beinen gleichzeitig
- und bewegen die Arme dazu wie beim Schattenboxen.

Koala – Faulpelz-Schlurfer

Der Tagesablauf beim Faulpelz Koala sieht etwa folgendermaßen aus: 20 Stunden schlafen, zwei Stunden pflegen, zwei Stunden Eukalyptusblätter essen. – Daher riecht dieses Vorbild unseres Teddybären auch wie ein Hustenbonbon.

- Der Gang der TänzerInnen ist träge schlurfend.
- Sie gähnen, strecken dabei die Arme aus, blinzeln mit den Augen und machen zwischendurch langsame Kletter- und Pflückbewegungen.

Waran – „Echsen-Schlängler"

Diese Großechsen, von denen es viele Arten gibt, heißen bei Australiern alle „Goanna". Mit ihren langen Krallen können sie sehr gut klettern.

- Die Kinder bewegen sich flink im Zick-Zackmuster.
- Den Kopf recken sie nach vorne und bewegen ihn „züngelnd-zackig" vor und zurück.

Emu – „Gestutzter Vogel"

Der flugunfähige Emu, das zweite Wappentier Australiens, gleicht dem afrikanischen Strauß. Die schnell laufenden Tiere werden bis zu 1,60 m groß.

- Die Kinder bewegen sich mit „elegant-gleitenden" Hopsern (mit angewinkeltem Bein)
- und halten die Arme wie gestutzte Flügelchen am Körper.

Wombat – „Schnuppernder Wühlerich"

Die vorwiegend in Westaustralien lebenden, ziemlich großen Beuteltiere sind wegen ihrer Wühlerei bei Farmern recht unbeliebt. Ein feines Näschen hilft diesem Pflanzenfresser Wurzeln und Pflanzenzwiebeln aufzustöbern.

- Die Kinder bewegen sich leicht gebeugt,
- „schnuppern" unruhig
- und führen mit den Händen scharrende Wühlgesten aus.

Der amerikanische Kontinent – Eine Mischung aus unterschiedlichen Kulturen

Der amerikanischer Kontinent gliedert sich in Nord- und Südamerika. Diese beiden „Amerikas" sind in jeder Hinsicht sehr verschieden. Während die nordamerikanische Kultur in der westlichen Welt in nahezu allen gesellschaftlichen Bereichen eine dominante Rolle einnimmt, gehören viele südamerikanische Länder wirtschaftlich betrachtet zum Armenhaus der Welt.

Nordamerikanische Jugend kocht ihren speziellen kulturellen Eintopf mit Zutaten aus aller Herren Länder, die in den USA nicht gerade Mangelware sind. Und plötzlich ensteht ein neuartiger Tanz zur neuartigen Musik. Manche dieser tänzerischen Booms sind uns lange, manche weniger lange erhalten geblieben.

1740 wurde den versklavten dunkelhäutigen Vorfahren heutiger amerikanischer Bürger aus Angst vor Aufruhr noch per Gesetz das Schlagen von Trommeln verboten. Sie tanzten zum Klatschen der Hände und zum Klang des Banjo. Aus dem Schlürfen und Klopfen dunkler Füße entstand der berühmte Steptanz. Auch der Jazztanz bezieht einen Teil seiner Wurzeln aus afrikanischem Erbe, ebenso wie der Breakdance, der seit einiger Zeit Jugendliche in aller Welt begeistert.

Die Volkstänze Nordamerikas weisen zwar gemeinsame Elemente anderer Volkstanzformen auf, sind aber wohl dennoch bodenständig gewachsen und keine Übertragungen von Tänzen anderer Länder. Ihre Wurzeln liegen in den Lebensformen der frühen Kolonisten, der indianischen Bevölkerung und der frühen westlichen Pioniere und Siedler.

Die Tänze der nordamerikanischen Indianer sind zum Teil bis heute zu bewundern, während die „alten" Tänze der südamerikanischen Indianer zum Großteil mit den Menschen untergegangen sind, die sie einst getanzt haben. Durch die Kolonialherrschaft wurden südamerikanische Traditionen und Kulturen unwiderruflich zerstört. An ihre Stelle trat eine neue, höchst lebendige Kultur unter dem Einfluss der Latinos und afrikanischer Sklaven. Lateinamerikanische Musik und Tanz sind heutzutage weltweit verbreitet und äußerst beliebt. Auf den hawaiianischen Südseeinseln schließlich erfreut sich der traditionelle Tanz in einer meist für Touristen angepassten Form nach wie vor großer Beliebtheit.

Indianische Tänze aus Nordamerika

Die Indianer Nordamerikas tanzen zu allen bedeutenden Ereignissen ihres Lebens. Jeder Stamm hat sein kulturelles Eigenleben. Heute sind diese beeindruckenden Tänze vielfach im Programm touristischer Veranstaltungen zu finden. Im Mittelpunkt nordamerikanischer Indianermusik steht die Stimme. Viele Lieder enthalten Vocables, das heißt Laute ohne Bedeutung, die reines Gefühl ausdrücken.

Die Ausübung ihrer Kultur war den Indianern in den USA lange Zeit verboten. Seit Ende des 19. Jahrhunderts lebten sie unter elenden Bedingungen, isoliert von der übrigen Gesellschaft in Reservaten.

Anfang der 60er Jahre fingen junge Indianer an, sich wieder auf ihre Kultur zu besinnen und organisierten sich: sie gründeten in St. Paul, Minnesota die inzwischen größte indianische Organisation der USA, das American Indian Movement (AIM). Zum ersten Mal wurde ihren Kinder die Möglichkeit geschaffen, in indianischen Elementarschulen eine ganzheitliche Erziehung zu erhalten.

Besonders die Pow Wow genannten Tanzfeste demonstrieren das neue Selbstbewusstsein der nordamerikanischen Indianer. Im Sommer finden diese Treffen in großer Anzahl statt, mal im kleinen Rahmen ländlicher Abgeschiedenheit oder im großen Rahmen, wie z. B. bei den Pow Wows der Crow in Montana, wo Tausende indianischer Familien zusammentreffen.

Rund zwei Millionen Indianer (nur) leben schätzungsweise heute in den USA. Die Gesamtbevölkerung beläuft sich auf ca. 280 Millionen US-Bürger.

Der Tanz der Indianer

Die Tänze der Indianer sind oft Bestandteil kultischer Zeremonien. Tanzend wurde um Regen, um Sonne, um Fruchtbarkeit oder um Heilung gebeten. In unserer Vorlesegeschichte droht dem Volk von Häuptling Kleiner Wolf eine Hungersnot, da die Büffel, die ihr Haupnahrungsmittel bilden, plötzlich ausbleiben.

Indianerhäuptling Kleiner Wolf war ein weiser und sehr kluger Mann. Seit vielen Jahren brachte er sein Volk sicher durch den Winter. Niemand aus seinem Stamm musste Hunger leiden, denn Kleiner Wolf sorgte gut für alle Kinder, Frauen und Männer. Er wusste immer genau, wo es auch in den trockensten Gegenden noch Wasser gab und wo die essbaren Pflanzen im Überfluss wuchsen.
Vor allem aber kannte Kleiner Wolf die Wanderwege des mächtigen Bisons. Jedes Jahr donnerte eine riesige Herde zotteliger Kolosse durch das enge Tal ganz in der Nähe. Dann begann die aufregende Jagd. Kleiner Wolf raste mit seinem Pony Silberpfeil von der Seite auf die Bisons zu und drängte eins der Tiere von der Herde ab.
Er spannte den Bogen, zielte und sein Pfeil traf immer beim ersten Mal. „Das ist eine Frage der Ehre!", sagte der Häuptling. „Wir müssen jagen, um zu leben, aber wir dürfen dem Bison, der uns sein Leben opfert, keine Qualen zufügen."
Nach der Jagd bedankten sich die Indianer bei den erlegten Tieren und versprachen, kein Teil zu verschwenden. Und so geschah es.
Schon waren die Frauen eifrig dabei, die Büffelhäute abzuziehen. Das Fleisch wurde zerteilt, in Streifen geschnitten und zum Trocknen aufgehängt. Aus der Haut stellten die Indianer Leder und Decken her, aus den Knochen Löffel und Nadeln, aus den Sehnen Garn zum Nähen. Selbst das kleinste Fitzelchen fand noch eine sinnvolle Verwendung. Große Freude herrschte nach der erfolgreichen Jagd, denn für den nächsten Winter würde ebenfalls wieder genügend Vorrat da sein, um alle satt zu machen.

In diesem Jahr aber war alles anders. Seit Tagen stand Häuptling Kleiner Wolf auf der Klippe über dem Tal und lauschte angestrengt in die Ferne. Die Bisons waren längst überfällig. Kleiner Wolf wartete und sein Volk wartete mit ihm. Die Zeit verging. Wieder einmal kehrte der Häuptling zu den Tipis zurück. Erwartungsvoll blickten seine Leute ihn an, doch Kleiner Wolf schüttelte den Kopf und verschwand niedergeschlagen in seinem Zelt.
Eine Weile später rief er den Rat der Ältesten zusammen. Keiner konnte sich erklären, wo die Bisons geblieben waren. „Wir müssen etwas tun", sagte Kleiner Wolf. „Lass uns weiterziehen und woanders jagen", schlug einer vor. „Dazu ist es zu spät", entgegnete der Medizinmann. „Dann", antwortete der alte Krieger, „wird unser Volk den nächsten Frühling nicht erleben. Der Hunger wird bald Einzug halten in unseren Tipis. So sei es." Der Medizinmann erhob sich langsam. „Über unser Schicksal entscheidet der große Manitu. Er allein hat die Macht über die Wege des Bisons. Wir müssen den großen Manitu beschwören und ihn gnädig stimmen. Das ist unsere einzige Chance." „So soll es geschehen", befahl Kleiner Wolf. „Holt die Trommeln, Männer. Macht ein großes Feuer. Zieht eure besten Kleider an und versammelt euch auf dem Festplatz."

Der Medizinmann verschwand, um seine Zauberkräuter zu holen, und das Volk machte sich zum Tanz bereit. Hoch loderte das Feuer, als der Medizinmann wieder erschien. Er trug ein zotteliges Büffelfell und eine Kappe mit Hörnern. Sein Gesicht war bemalt, er trampelte herum und murmelte leise Sprüche: „uagauagauagau."

Leise fingen dann auch Häuptling Kleiner Wolf und seine prächtig geschmückten Jäger an zu trommeln. Umpapa-umpapa-umpapa-um. Mit stampfenden Füßen tanzten die Indianer im Kreis um das Feuer herum. Der Medizinmann begann zu singen.
Die Jäger fielen auf die Knie und berührten den Boden mit ihrer Stirn. Sie berührten ihr Herz mit beiden Händen. Sie streckten ihre Arme gen Himmel. Die Hände klatschten über dem Kopf. Alle sangen. Alle tanzten. Inbrünstig flehten die Indianer ihren Gott Manitu um Gnade an. Immer schneller wirbelten die Trommelschläge, immer schneller tanzten die Indianer und riefen ihren Gott an: „Großer Manitu! Schick uns die Bisons, großer Manitu, schick uns die Bisons."
Ganz plötzlich blieb der Medizinmann stehen. Mit der Hand befahl er den Trommlern aufzuhören. Alle standen still. Kleiner Wolf legte die Hand an sein Ohr und lauschte. In weiter Ferne erklang ein leises Grollen. Kleiner Wolf wusste sofort, was das zu bedeuten hatte: Der große Manitu hatte ihre Bitte um Rettung erhört. Die Bisons kamen endlich: Tausende von Hufen donnerten auf das Tal zu.
Die Indianer fielen auf die Knie und berührten den Boden mit der Stirn. Sie berührten das Herz mit beiden Händen, streckten die Arme gen Himmel und klatschten begeistert die Hände über dem Kopf zusammen. Das Volk war gerettet. Der weise Manitu hatte zu ihren Gunsten entschieden.
Häuptling Kleiner Wolf fiel ein zentnerschwerer Stein vom Herzen. Er stimmte ein Freudengeheul an und tanzte um das Feuer herum. Dann sammelte er die Jäger zusammen, schwang sich auf Silberpfeils Rücken und ritt eiligst der Bisonherde entgegen.

Earth my body – Chanting

Nr. 31

Chanting (meditatives Singen) gibt dem Ausdruck der seelischen Energie Raum und verbindet uns mit dem Atemrhythmus, der ein wichtiger Teil spirituellen Erlebens ist.
Im Vordergrund steht das innere Erleben und nicht der äußere Klang.
Achtsames Lauschen. Klingen lassen. Die Kraft entsteht in der Wiederholung.
Anders als das traditionelle Lied benötigt ein „meditatives chant" nur wenige Worte und eine einfache Melodie, die schnell erlernbar ist und sich leicht wiederholen lässt. Durch die Wirkung ständiger Wiederholung bringt uns ein chant rasch in einen meditativen Zustand und verhilft so zur Klarheit und Zentrierung unseres Geistes.

trad. Nordamerika
Bearbeitung: D. Ferber

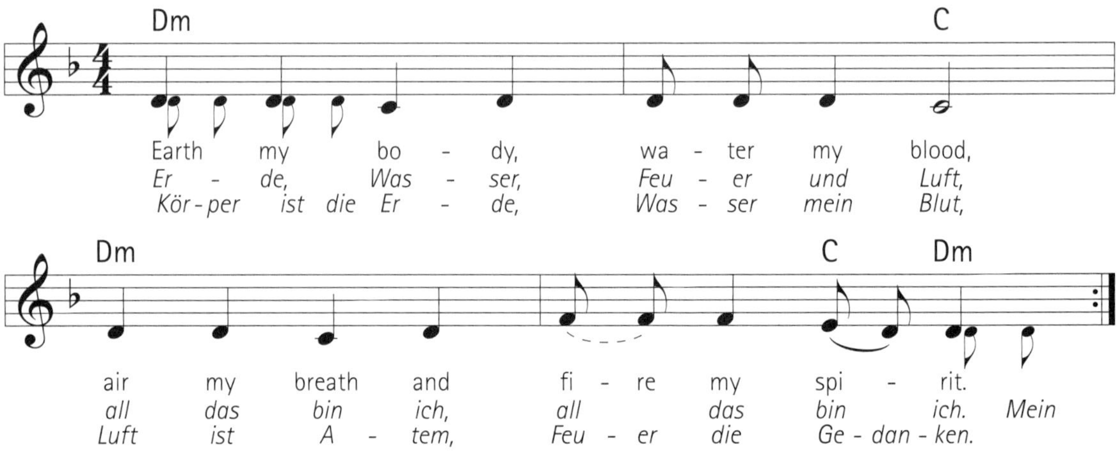

Earth my body
Water my blood
Air my breath
And fire my spirit.

Erde, Wasser,
Feuer und Luft
All das bin ich,
All das bin ich.

Mein Körper ist die Erde
Wasser mein Blut
Luft ist Atem
Feuer die Gedanken

Earth my body – Meditativer Gestentanz

Bewegung – spüren – sich spüren – sich bewegen: Der meditative Gestentanz lädt geradezu ein, sich mit Freude und Hingabe zu gefühlvollen chants zu bewegen.
Durch Bewegung zur Ruhe – Tanzen als meditative Möglichkeit. Das meditative Tanzen mit Kindern fördert ein bewusstes und sinnliches Verhältnis zum eigenen Körper: Durch sanfte Spür- und Bewegungsübungen Lebenskraft und Lebensfreude entdecken.

Alter: ab 5 Jahren
Musik: Earth my body Nr. 31

Die TänzerInnen bilden einen Kreis und gehen während des ganzen Tanzes in Kreisrichtung, rechter Fuß beginnt. Mit den Händen begleiten sie den Text:

Earth my body	*mit den Händen den Körper berühren*
Water my blood	*eine wellenförmige Bewegung vom Herzen aus machen*
Air my breath	*Hände vom Mund aus in den Himmel ausbreiten*
And fire my spirit	*Vor dem dritten Auge in die Hände klatschen und „Feuer" aussenden. Bei „fire" Sprung auf das rechte Bein in die Kreismitte und sofort zum alten Tempo zurückkehren.*

I want to be a wannabe – Kinder spielen gerne Indianer

Wannabe – „Want to be (Indian)" – „Will Indianer sein" ist ein Begriff, der für Nicht-Indianer verwendet wird, die Indianer sein wollen und sie auf verschiedene Arten nachahmen, z. B. in der Kleidung, im Erscheinungsbild und im Verhalten.

Es wird der Tag kommen,
an dem die Kinder des Weißen Mannes
sich wie Indianer kleiden werden,
Perlenschnüre und Stirnbänder tragen werden.
Aus dieser Generation
werden unsere ersten wahren
nichtindianischen Freunde hervorgehen.

(Prophezeiung der Hopi-Indianer)

Pow Wow – Indianisches Tanzspektakel

Der Ausdruck Pow Wow kommt aus der Algonquin Sprache (z. B. Delaware oder Huronen). Ein Pow Wow ist ein indianisches Musik- und Tanzfest. Ursprünglich war es ein Frühlingsfest.
Die Indianer kamen zusammen, um die wiederkehrende Geburt des Lebens zu feiern, zu tanzen, zu singen und Freunde zu treffen.
Heute werden überall in USA und Kanada Pow Wows veranstaltet, und die Indianer nutzen diese festlichen Zusammenkünfte, um ihre Kultur und ihre Verbundenheit untereinander im Tanz zu zeigen.
Ein Pow Wow hat einen geregelten Ablauf, wobei es durchaus regionale Unterschiede gibt.

Grand Entry – Einzug der TänzerInnen

Jedes Pow Wow beginnt mit dem „Grand Entry".
Zu dem Fest kommen alle TänzerInnen in ihrer Tracht. Auch die jüngsten, die so genannten „Tiny Tots" sind dabei. Karnevalistische Kostüme sind das bei einem original Pow Wow zwar nicht, aber für ein Kindergarten-Pow-Wow bei uns dürfen es schon Fantasie-Indianerkostüme sein. Mit Federschmuck und Bemalung, Fransen und Perücken, Mokassins und Schmuck ... Je prächtiger, desto besser!

Alter: ab 5 Jahren
Material: großer runder Tanzplatz oder Tanzraum, Indianerkleidung, Trommeln

Die Kinder teilen sich in zwei Gruppen auf: eine große Tanzgruppe und eine kleinere Trommel/Gesangsgruppe.
Die Gesangs- & Trommelgruppe hockt sich an den Rand der Tanzfläche.
Die Trommler stimmen einen monotonen (unisono) Rhythmus an.
Sobald sie sich eingetrommelt haben, singen sie dazu rhythmische Silbenlaute, z. B.
„Ah Hey Yah Ho" und „Yo Hey"
Die TänzerInnen reihen sich nacheinander rund um die Tanzfläche auf und trippeln zum Grand-Entry-Drum, zum rhythmischen Trommelschlag, im Kreis.
Danach folgt meist der:

Intertribal Round Dance – Freundschafts-Rundtanz

Intertribals sind das Herz des Pow Wows – alle dürfen mittanzen, dabei schwätzen und witzeln, selbst wenn sie nicht in Tracht erschienen sind.
Unser einfacher Freundschaftstanz eignet sich bestens als Kennenlerntanz. Vielleicht treffen sich ja verschiedene Gruppen zum gemeinsamen Pow Wow ...

Alter: ab 5 Jahren
Material: Indianerkleidung, Trommeln

Einige Kinder übernehmen die Trommeln. Die anderen bilden die Tanzgruppe und stellen sich zu einem Innen- und Außenkreis auf.
Die Trommelgruppe beginnt mit einem langsamen Rhythmus.
Der Außenkreis tanzt dazu in die eine, der Innenkreis in die andere Richtung. – Es darf fröhlich gestampft, gehopst, geschwätzt und herumgealbert werden!

Tiny Tot dance – Indianertanz für Kinder

Beim Pow Wow bezeichnet Tiny Tots die Tanzwettbewerbskategorie für Kinder bis sechs Jahre.
Ein Kinder-Pow-Wow bietet z. B. die Möglichkeit in Indianerprojekte integriert zu werden oder diese mit einem gelungenen Abschlussfest zu beenden.
Tipp: In den Tanzpausen könnte es eine Fülle verschiedener Dinge zu sehen und zu erleben geben: In der Händlergasse – Vendors' Alley selbst angefertigte indianische Kleidung und Schmuck präsentieren. In einem Tipizelt leckeres indianisches Essen anbieten ...

Huate lenno – Indianisches Sonnenlied

Nr. 30

Bei einer Veranstaltung in einem Kindergarten spielte der Autor Lieder aus aller Welt vor. Dann gab es eine tolle Überraschung: Die Kinder hatten selbst ein indianisches Sonnenlied einstudiert, das gemeinsam gesungen und zu dem im Kreis getanzt wurde ...

trad. Nordamerika
Bearbeitung: D. Ferber

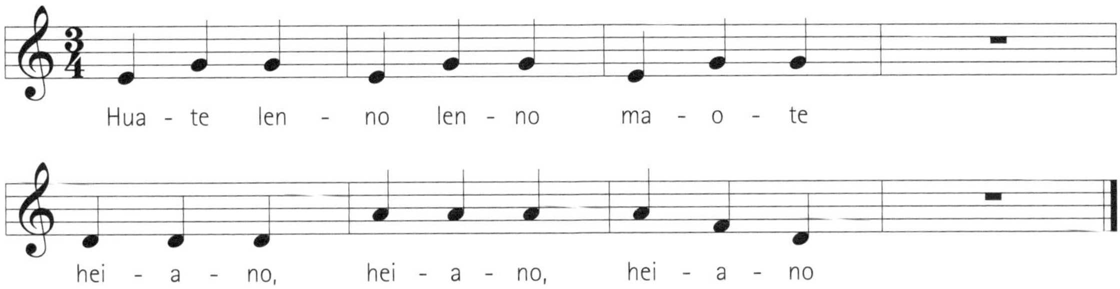

Huate lenno lenno maote
Heiano, heiano, heiano

Sonne, du bringst uns die Lebenskraft
Heute und morgen und immerdar

Huate lenno – Kreistanz

Ein ganz einfacher Tanz, den auch kleinere IndianerInnen problemlos bewältigen. Indianische Kreistänze kommen mit wenigen kleinen Schritten aus.

Alter: ab 5 Jahren
Material: runder Tanzplatz, Indianerkleidung, Trommeln
Musik: Huate lenno Nr. 30

Gibt es unter den Kindern eine Trommelgruppe, begleitet diese den „Huate lenno Gesang" mit einem einfachen Trommelgrundschlag.
Die anderen bilden einen Tanzkreis und tanzen zur Musik rhythmisch mit kleinen Stampfschritten.

Sneak-Up – Anschleichtanz

Ein wunderschön eindrucksvoller pantomimischer Tanz, der mit geschmeidigen Gehbewegungen das Anschleichen und Spurenlesen bei der Jagd imitiert.

Alter: ab 5 Jahren
Material: runder Tanzplatz, Indianerkleidung, Trommelgruppe, Trommeln
Musik: Huate lenno Nr. 30
Eine Sammlung indianischer Kinderlieder, die sich zum Tanzen eignen, findet sich auch auf der CD: Fliegene Feder (s. Anhang)

Die TänzerInnen bilden mit der Trommelgruppe einen Tanzkreis. Die Trommelgruppe unterstützt die Musik mit rhythmischem Trommeln. Die TänzerInnen gehen/stampfen zum Rhythmus der Trommeln in Kreisrichtung.
Ein Kind ist als „JägerIn" in der Mitte und stellt pantomimisch-tänzerisch erst das Spurenlesen dar, „schleicht" sich an den Tanzkreis an und „fängt" eine der TänzerInnen im Kreis.
Sobald die „Beute" ergattert ist, tanzt diese als „JägerIn" in der Mitte ...

Fancy Dance

Fancy Dancing ist die schnellste und dynamischste Tanzart beim Pow Wow. Aufgabe der TänzerInnen ist, den Schlägen der Trommeln zu folgen, egal wie schnell sie werden. Sobald die Musik endet, müssen die TänzerInnen mit beiden Füßen am Boden stehen.

Alter: ab 5 Jahren
Material: runder Tanzplatz, bunte und noch buntere Indianerkleidung, Trommeln

Die Trommelgruppe beginnt im langsamen Rhythmus.
Die TänzerInnen folgen immer den Trommelschlägen.
Auf Handzeichen der Tanzleitung wird der Trommelrhythmus schneller – und noch schneller – und STOP!
Wer bei STOP nicht auf beiden Füßen steht, setzt eine Runde aus – und weiter geht's ...

Fancy Shawl Dance – Schmetterlingstanz

Fancy Shawl ist ein traditioneller Frauentanz. Die Tänzerinnen tragen einen bunten Fransenschal. Wie Schmetterlinge schweben sie über die Tanzfläche, als würden sie den Boden kaum berühren. Der Originaltanz im schnellen Tempo kombiniert Drehbewegungen mit vielseitiger Fußarbeit.

Alter: ab 5 Jahren
Material: runder Tanzplatz, ein breiter Schal mit langen Fransen je TänzerIn
Musik: Huate lenno Nr. 30

Alle „Schmetterlinge" verteilen sich auf der Tanzfläche. Sie drehen sich zur Musik im Kreis, „schweben" über die Tanzfläche und setzen den Fransenschal, der über den Schultern liegt, wie zarte Flügel ein, die sich auf und ab bewegen.
Die Schmetterlinge stehen auch mal still oder lassen nur den Fransenschal tanzen oder wirbeln ganz schnell herum ...

Grass Dance – Grastanz

Dieser Stampftanz diente ursprünglich dazu, das hohe Steppengras flach zu trampeln, um einen Platz für Zeremonien zu schaffen. Der gesamte Körper der TänzerInnen ist mit langen bunten Wollfransen bedeckt. Kreuz und quer stampfen sie schnell über die Tanzfläche, bis sozusagen kein Halm mehr steht. Dazu schütteln sie den ganzen Körper. Das Schütteln verleiht den Fransen ein Eigenleben – und der verhüllte Körper verliert so scheinbar jede feste Form.

Alter: ab 5 Jahren
Material: runder Tanzplatz, Indianerkleidung mit vielen langen Fransen
Musik: Huate lenno Nr. 30

Die TänzerInnen stampfen im Rhythmus der Musik kreuz und quer über die Tanzfläche und schütteln sich wild. In ihren Bewegungen ahmen sie dazu das wiegende Gras nach: ihre Köpfe gehen im Rhytmus der Trommelschläge auf und ab.
Und weitertrampeln – schließlich darf kein Grashalm stehen bleiben ...

Stone-Game – Rhythmisches Spiel mit Steinen

Ein Pow Wow ist eine freudige aber auch recht anstrengende Veranstaltung. Das folgende Rhythmusspiel, das im Schneidersitz veranstaltet wird, gönnt tanzmüden Füßen eine wohlverdiente Verschnaufpause. Es lässt sich entweder mit Steinen ein stone-game oder mit Knöchelchen ein bone-game spielen.

Alter: ab 6 Jahren
Material: 2 Steine je SpielerIn
Musik: Huate lenno Nr. 30

Die SpielerInnen setzen sich im Schneidersitz zu einem Kreis auf den Boden und legen ihre zwei Steine vor sich.
Sie begleiten die Musik, indem sie wie folgt auf die Knie patschen:
Schlag 1: beide Hände auf die eigenen Knie
Schlag 2: linke Hand auf Nachbarknie,
rechte Hand auf das eigene linke Knie
Schlag 3: wieder beide Hände auf die eigenen Knie
Schlag 4: rechte Hand auf Nachbarknie,
linke Hand auf das eigene rechte Knie
und die Steine weitergeben ...

Steine weitergeben:
Vor den SpielerInnen liegen jeweils zwei Steine.
Sie geben diese weiter, indem sie gleichzeitig
- mit der rechten Hand einen Stein des Nachbarkindes zur Rechten packen und vor sich auf den Boden legen
- mit der linken Hand einen eigenen Stein packen und vor das Nachbarkind zur Linken legen.

Hip Hop – ein bunter Mix aus Musik, Tanz & Kult

Hip Hop ist eine internationale Jugendkultur-Bewegung mit Ursprung in den Ghettos von New York. Rappen, das Vortragen von Sprechversen zur Rhythmusbegleitung, und ein Drumbeat bilden die Grundelemente des Hip Hop. Auch die Bewegung spielt eine zentrale Rolle: Sie dient dazu, die Bedeutung der gesungenen Worte zu unterstreichen.
Aus dem ursprünglichen Tanzstil der Hip-Hop-Szene, dem so genannten Breaking, bei dem Tänzer einen Kreis um einen in der Mitte agierenden Solisten bilden, entstand der Breakdance mit athletisch-akrobatischen Sprung- und Tanzelementen. In den 80er Jahren wurde der Breakdance mit anderen Elementen wie Electric Boogie, Moonwalk (schwereloses Gleiten), Pantomime und Roboterimitationen zu einem Tanzstil kombiniert, der Ende der 80er Jahre als Hip-Hop-Tanzstil anerkannt wurde.

Hip Hop grooves – Rhythmus mit Off-Beats

Das gebräuchliche Taktmaß der Hip-Hop-Musik ist der 4/4 Takt. Eine Besonderheit bildet der „Off beat", der auf „Und" gezählt wird. Viele Bewegungen werden daher nicht nur auf den „beat", sondern auch auf den „off beat" getanzt.

Rhythmusgefühl schulen – Takte zählen

Vor dem Einüben der Hip-Hop-Breakdancefiguren wird die Musik mit unseren Taktzählübungen mehrmals „durchgezählt". So bekommen die Kinder ein Gefühl für den groove. Ist eine Gruppe frühzeitig an das Taktzählen gewöhnt, kann die Tanzleitung bei späteren Schrittkombinationen präzise Angaben machen. Zum Beispiel: Auf die Zwei einen Kick. Auf die Vier-Und eine Kopfdrehung ...

Musik: Hip Hop Groove

Hip Hop Musik wird stets im 4/4-Takt gespielt. Das Tempo ist eher gemäßigt.
Jeder Hip Hop Titel hat einen Grundbeat, der sich mit einem Akzent (Betonung) immer und immer wiederholt. Wer so einen Beat hört, wippt unwillkürlich mit dem Körper hin und her. Der Akzent (Grundschlag) ist die **1** des Taktes.
Das ist ganz einfach. Wer einen Hip Hop groove hört, findet die Eins von ganz alleine.

Taktzählübungen

1. **Die Kinder sitzen im Kreis und zählen zur Musik**
   1, 2, 3, 4 – **1**, 2, 3, 4 – **1**, 2, 3, 4 ...

2. **Taktzählen mit Handgesten**
   Zählübungen und Handgesten bieten hilfreiche Unterstützung bei Schrittkombinationen und dem ggf. späteren synchronen Bewegen zur Musik.
   Die Tanzleitung ruft die Taktzahlen auf.
   Die Gruppe zeigt die zu den aufgerufenen Taktzahlen passenden Handgesten:
   Eins: Faust
   Zwei: Schere
   Drei: ausgestreckte Hand
   Vier: Daumen-Zeigefingerkreis

3. **Taktzählen mit Zählpause**
   Die Gruppe zählt laut den Takt mit.
   1. Durchgang: nur die **2** und **4** klatschen
   2. Durchgang: nur die **3** und **4** klatschen.
   Beliebige Variationen sind möglich.
   Mit fortschreitender Spieldauer und regelmäßigen Wiederholungen wird die Gruppe immer sicherer.

4. **Taktzählen mit OFF-Beats**
   Das Zähltempo verdoppelt sich:
   Zwischen den Beatschlägen dazu laut ein „Und" sprechen.
   Werden die Beatschläge nicht aufgesagt, sondern nur das „Und" skandiert, haben die Kinder den OFF-beat entdeckt.

   1 **und** 2 **und** 3 **und** 4 **und** 1 **und** 2 **und** 3 **und** 4 **und** ...

Rhythmusgefühl & Vocal-Rap

Flow ist Harmonie zwischen Rhythmus und Stimme, Pausen, Akzenten und Reimen.
Gerade für Rap-Einsteiger ist es wichtig, auf den Rhythmus zu achten.
Der typische Rhythmus im Rap bildet sich aus einem Beat und einer Bassline.
Die Basis sind Bassline und Bassdrum mit durchgehenden, wiederkehrenden Sounds.
Dazu kommen eine Snare-Drum und eine HiHat, die helle Sounds zwischen dem dunklen, tiefklingenden Rest hervorbringt und das Gesamtbild aufhellt.
Alle drei Instrumente bilden den Grundbeat.
Der „richtige Flow" ist das, was einen „guten" und talentierten Rapper ausmacht. Gemeint ist damit, dass der Rhythmus des Rap einen durchgehenden Fluss besitzt und nicht abgehackt oder stolprig wirkt. Man muss ein Gefühl dafür entwickeln, dass der Rap flüssig über die Bühne geht und dort aufhört, wo er aufhören sollte – denn: zu langes Reimen kann nervig werden.

Amerika Rap

Nr. 37

Bei einer Rap-Breakdance Aktion mit Kindern kann der Text natürlich selbst verfasst werden, gelegentlich ist es aber zeitlich vorteilhafter, einen vorgegebenen Text zu verwenden oder umzuarbeiten. Die Kinder lernen den vorgegebenen Text auswendig und rappen ihn gemeinsam. Dazu werden Breakdance moves gesucht, geübt und schließlich aufgeführt.

Text: Bernie Conrads

O.k. **jetzt gönnen wir uns einen Spaß**
Und besuchen die beiden Amerikas.
Es gibt Amerika im Norden **und Amerika im Süden**
Aber beide sind von Grund auf verschieden.
To the hip, hop, hippedy hop

Die U.S.A, **die Heimat von Mickey Mouse,**
Coca Cola und Cowboys sind hier zuhaus
Das Meer im Westen ist pazifisch, **im Osten atlantisch,**
Rocky Mountains, New York, **alles ist gigantisch.**
To the hip, hop, hippedy hop

Einst hat das Land **den Indianern gehört**
Bis der weiße Mann kam, *unerhört*
Nach und nach und Stück für Stück **ohne Gewissen**
Hat er sich alles unter den Nagel gerissen.
To the hip, hop, hippedy hop

Kursiver Text: Solo-Rapper
Fett gedruckt: Alle zusammen

Übrigens:
Der„Rapper Delight" sang bereits 1979 die Textzeile **„To the hip, hop, hippedy hop"**, die zur Bezeichnung der Kulturform Hip Hop geworden ist.

Rap mit kids – coole Sprüche zu fetten moves

Rap Workshops mit Kindern fördern unbedingt den kreativen Umgang mit Sprache. Die Verbesserung von Aussprache und Artikulation, das Kennenlernen neuer sprachlicher Stilmittel und die Erweiterung des Wortschatzes sind nur einige positive Aspekte. Die Rapper-crew gibt mit ihren Sprechreimen den Rhythmus vor. Dann tanzen alle gemeinsam mit „fetten moves" auf die rhythmischen Reime.

Rhythm and Poetry

Beim Rappen wird die Sprache rhythmisiert. Bevor die Kinder den Amerika Rap aufführen, spielen sie mit Rhythmus und Sprache.

Alter: ab 6 Jahren

Die folgenden Übungen bauen aufeinander auf und führen die Kinder Schritt für Schritt vom ersten Taktgefühl über rhythmisiertes Sprechen hin zum rhythmisierten Sprechen & Tanzen.

1. **Taktzählen**
   Zwei Gruppen bilden:
   Gruppe 1 macht ausgehend von einem 4/4-Takt jeweils die Eins und Drei des Taktes mit einem dumpfen Geräusch (Fußstapfer oder artikuliertes „Bumm") kenntlich.
   Gruppe 2 übernimmt dann die Angabe der Viertelnoten mit einem helleren Geräusch (Klatschen, Body-Percussion, o. Ä.).

2. **Die Sprache mit einfließen lassen**
   Die gesamte Gruppe übernimmt durchgängig das Schlagen der Viertelnoten. Dazu
   - nacheinander die eigenen Namen metrisch auf die Viertel verteilen.
   - nacheinander jeweils ein Wort vorgeben, das von der Gruppe reihum im Takt wiederholt wird.

3. **Rhythmisierung der Sprache**
   Beherrschen alle die Übung 2, mit der Rhythmisierung der Sprache beginnen.
   Hierfür eignet sich zuerst das Skandieren mehrsilbiger Wörter, die beliebig aneinandergereiht werden.

4. **Rhythmisierung ganzer Sätze**
   Der Grundbeat wird durchgängig von der Gruppe gehalten.
   - Vorgegebene Sätze rhythmisieren, z. B. Amerika Rap (S. 70)
   - Eigene Sätze ausdenken, die von der Gruppe gemeinsam wiederholt werden.

5. **Tanzen zum rhythmisierten Sprechen**
   Einfache Schrittkombinationen wählen (s. Top Rocks-Tanzschritte, S. 72):
   two steps · side steps · side by side step · go back go step · kick step ...

Hip-Hop-Breakdance Tanzfiguren

Als Teil der Hip Hop Kultur vermittelt Breakdance ein dynamisches und energetisches Lebensgefühl, Kreativität und Spaß an der Bewegung. Hip Hop Tanzfiguren sind eine Kombination aus Akrobatik, Rhythmusgefühl und Körperbeherrschung: Drehbewegungen, roboterhafte Zuckungen und rasante Fuß-Artistik plus pantomimische Glanzleistungen, die wie Hindernisläufe in Zeitlupe wirken. Hip-Hop-Breakdance ist eine Kombination aus verschiedenen Schritten (steps), Sprüngen (jumps) und Breakdancefiguren. Die Kids üben nun zu einem Rap-Beat verschiedene Schrittfolgen ein. Dann kombinieren sie die einzelnen Elemente.

Top Rocks Tanzschritte

Die folgenden Schritte sind als isolierte Tanzübung recht einfach auszuführen. Wollen mehrere Hip Hop TänzerInnen jedoch synchron ausgeführte Bewegungsabläufe zeigen, wird's schon etwas schwieriger. Das Erfolgsgeheimnis ist allseits bekannt: üben, üben, üben ...

Alter: ab 6 Jahren
Musik: Amerika Rap Nr. 37
Oder aktuelle Rapmusik
Vorsicht! Gewaltverherrlichende („GangstaRap") oder sexistische Texte mit entsprechend obszönen Tanzgesten sollten tunlichst vermieden werden.

Die Kinder üben die einzelnen Schritte (Schritt für Schritt) durch Wiederholung so lange ein, bis sie „sitzen".
Können alle Schritte sicher ausgeführt werden, arbeiten sie eine kleine Choreographie aus, indem sie die einzelnen Schritte zu Schrittfolgen kombinieren, und tanzen diese mit der Gruppe.
Zu den einzelnen Tanzschritten lassen sich jede Menge freestyle-Bewegungen mit den Armen ausführen.
Tipp: Zuerst die Schrittkombinationen lernen und erst dann die Arme mit einbeziehen.

Die Gruppe steht im Kreis, die Tanzleitung geht in die Kreismitte und tanzt synchron mit allen:

two steps

- rechtes Bein nach vorne
- linkes Bein nachstellen
- rechtes Bein zurück
- linkes Bein nachstellen ...

side steps

- rechtes Bein einen Schritt zur Seite bewegen
- linkes Bein anstellen ...

Diesen side step mehrmals wiederholen und dann in die andere Richtung „steppen" ...

side by side step
Auf zwei schnelle kurze sidesteps folgt ein langer Seitschritt.
Zum Einüben dieser Tanzfigur die Schritte im 4er Takt mitzählen:

- Die ersten beiden Stepps auf die **1** und **2**
- Der lange Seitschritt dauert doppelt so lang (**3** und **4**)
  Auf ein side by side step nach links folgt eine Schrittfolge nach rechts.

go back go step
Hier geht die Schrittrichtung nach vorn und wieder zurück.
Wie beim side by side step zuerst zwei kurze und dann einen langen Schritt machen.

kick step
Im Wechsel rechtes/linkes Bein nach vorne schwingen (kicken) und wieder auf den Boden stellen ...
Kicksteps lassen sich beliebig variieren: lässige kicks und kick jumps (das Standbein hüpft beim Kicken in die Höhe) miteinander kombinieren ...

Breakdance-movements

B-Boy/B-Girl ist die Bezeichnung für einen Tänzer/eine Tänzerin, welche die Stilrichtung des Breakdance und die unterschiedlichen movements beherrscht. Die meisten Breakdance-movements tragen lustige Namen wie „Roger Rabbits Race", „Spider Attack", „Crabwalk" ...

Alter: ab 6 Jahren
Musik: Amerika Rap Nr. 37

Die Tanzleitung stellt sich in die Kreismitte, gibt Bewegungsvorgaben (moves) und alle machen mit. Dann geht ein Kind in die Kreismitte und macht eine eigene Tanzbewegung vor. Im weiteren Verlauf versucht der Kreis diese Bewegungen zu imitieren.
Bei jedem Tänzerwechsel, zur coolen Begrüßung oder Verabschiedung pflegen Hip-Hopper das Abklatschen mit der flachen Hand: „Give me five! Yeah!"

Bei Breakdance Figuren sind Eigenkreationen sowie jede Art von Abwandlung besonders gefragt. Die folgenden move-Vorgaben sollten den TänzerInnen demnach als Inspiration, nicht aber als strenge Vorgabe dienen.

Airplanes-moves
Die seitlich ausgestreckten Arme simulieren die Flügelbewegungen eines Düsenjets (oder den Vogelflug).

Locking-moves
sind ausdrucksstarke, trickfilmartige Bewegungen im Zeitlupentempo. Diese pantomimischen Bewegungen lassen sich sehr fantasiereich gestalten. Ein beliebtes locking-move Tanzmotiv ist der Irrlauf durch ein imaginäres Labyrinth.

Popping-moves
sind „Roboter"-Tanzfiguren, bekannt als „lebende Schaufensterpuppen" und Straßenanimation. Das Popping entstand an der Westküste der USA.

Spin-moves
sind jegliche Art von Drehungen auf Körperteilen um die Körperlängsachse. Drehungen auf den Knien (kneespins), auf dem Rücken (backspins), auf dem Kopf (headspins). Dreht sich der Tänzer auf den Händen, spricht man von handspins oder handglides.

Kneespin-move
Nur das eine Knie des Tänzers berührt den Boden. Das andere Bein ist in die Höhe gestreckt. Durch Abstoßen mit den Händen wird eine Drehbewegung vollführt. Wird das Bein während des Drehens wieder eingezogen, beschleunigt sich die Drehgeschwindigkeit des Tänzers.

Helicopter-move
sind Drehungen um die Körperlängsachse: die Arme dabei waagerecht wie Hubschrauber-Propeller (Propellerdrehungen) nach außen gestellt, die Drehungen erfolgen möglichst schnell.

Crabwalk
heißt sich in Krabben-Krabbel-Haltung bewegen. Die Beine sind weit gespreizt, der Körper ist aufgerichtet und stützt sich mit beiden Armen ab.

Routines-move
bezeichnen von mehreren TänzerInnen synchron ausgeführte Bewegungsabläufe.

Freezes-finish-move
heißt das wie angefroren erscheinende Verweilen in einer Position. Freezes leben von Eigenkreationen. Oft wird ein Freeze als Abschlussmove eingesetzt.

Boys & Girls
Dance-Groups tanzen Streetdance

Synchrone Schrittkombinationen, ausdrucksstarke Gesten und schrille Klamotten sind hier gefragt: Wer hat nicht schon Kinder beobachtet, die vor dem Spiegel oder einem entsprechenden Fernsehprogramm heimlich „mitgemoved" haben, ganz beseelt von dem Wunsch, diese Choreographien mittanzen zu können. Tanzen wie die Stars auf MTV oder VIVA!
Die Beschäftigung mit streetdance, einer Tanzbewegung, die von den USA aus um die Welt ging, erfüllt das Bedürfnis nach einem entsprechenden Tanzangebot. Streetdance ist ein Synchrontanz mit einem Leadtänzer, der in einer größeren Gruppe getanzt wird.
Spielerisch und mit viel Spaß lernen die TänzerInnen „krasse" Kombinationen zu Musik, die sie gerne hören. Sie können eigene Ideen ausprobieren und mit den anderen Kindern gemeinsam tanzen ...
Zur Musik: Am besten Musiktitel auswählen, die gerade populär sind. Ideen und Vorschläge der Kinder sollten akzeptiert und integriert werden.

1. Musik anhören, mitgrooven und mitdenken

Um die Liedstruktur zu erfassen, ist es sinnvoll das Lied in 8-er Takte zu gliedern. Den Liedtext übersetzen (lassen) und ausdiskutieren, damit alle TänzerInnen wissen zu welchem Textinhalt sie tanzen werden.
Danach überlegt sich die Tanzgruppe ein Tanzleitmotiv, das dem jeweiligen Musiktitel entspricht.

2. Tanzbewegungen vorstellen & vortanzen
Gemeinsam wählt die Gruppe Tanzfiguren aus, die zu dem Lied (Liedpassagen) passen können. (Falls noch keine Tanzfiguren bekannt sind, macht die Tanzleitung entsprechende Vorschläge.) Wer einen Tanzschritt vorschlagen will, tritt vor die Gruppe – ist somit LeadtänzerIn – und macht die Tanzfigur vor. Die Gruppe tanzt möglichst synchron mit.
Zuerst ohne Musik. Dann mit Sound vom CD-Player.

3. Choreografie zusammenstellen
Fast alle poppig arrangierten Musiktitel haben einen Anfang, ein Ende, Refrain, Strophen und einen Zwischenteil, der Bridge genannt wird.

- Jedem dieser Elemente ordnet die Tanzgruppe passende Tanzschritte und Bewegungen zu.
- Es hat sich bewährt, den einzelnen Tanzfiguren lustige Namen zu geben. Mittels solcher „Eselsbrücken" prägen sich die einzelnen Tanzfiguren besser ein und sind später sofort abrufbar.
- Die Grundaufstellung auf ein Blatt aufzeichnen. Die Tanzfiguren mit Strichzeichnungen skizzieren und/oder ihre Reihenfolge mit ihren Namen notieren.
- Eventuell auf dem Tanzboden mit Kreide oder Klebeband ein Bodenmuster aufzeichnen (bei Tänzen mit langen Laufwegen sehr hilfreich).

Anfang: Am Anfang einfache Schritte wählen.
Aufstellung in Reihen. LeadtänzerIn steht vor der Gruppe. Blick nach vorne.
Mit Einsatz der Musik geht's los ...

Refrain: Im Refrain ein Leittanzmotiv wählen und dieses ständig wiederholen, so dass sich das Leitmotiv durch den gesamten Tanz hindurchzieht.

Bridge: Zu bestimmten musikalischen Effekten entstehen meist passende spontane Bewegungsideen. Ausgefallene Sprünge oder ausdrucksstarkes Gestenspiel sind durchaus erwünscht.

Strophe: Das Erfinden der Tanzschritte für die einzelnen Strophen sollte jede Dance-Group für sich individuell gestalten. Wichtig ist die Einteilung der Bewegungen in 4er oder 8er Phasen.

4. Üben, üben, üben ...
Die Dance-Group in Gruppen aufteilen, um bisher entstandene Tanzabschnitte separat zu üben. So können die Kinder sich auch gegenseitig helfen. Idealer Übungsraum ist natürlich ein Ballettstudio mit vielen Spiegeln, das die Möglichkeit bietet sich und die anderen während des Tanzes zu beobachten und entstehende Fehler umgehend zu korrigieren. Eine weitere hochinteressante Kontrollmöglichkeit bieten Tanzaufnahmen auf Video.

6. Kostüme – Schminke – Dekoration
Passende Kostüme wählen, um Stimmung und Ausdruck des Liedes noch zu verstärken. Schminke & Dekoration richten sich im Übrigen nach individuellem Geschmack. Jeder hat so seine eigenen Vorstellungen, wie er als Star antanzen würde.

7. Tanzvorführung organisieren
Eine Einladung anfertigen und kopieren. Um auf Musik-Dance-Veranstaltungen aufmerksam zu machen, ein Flugblatt, einen „Flyer" gestalten.

Tipp: Videodance: Die Kinder schauen sich verschiedene Videoclips an und suchen sich einen aus, den sie gerne nachtanzen möchten. Tanzvariante, bei der das Nachtanzen von Tanzvideoclips im Mittelpunkt steht.

Linedance für die Tanzmäuse

Linedance ist ein Gemeinschaftstanz, der meist nach flotter, rhythmischer Country- & Westernmusik getanzt wird. Das Grundprinzip besteht darin, dass alle TänzerInnen die gleichen Figuren tanzen, wobei sie oft alle gleichzeitig die Blickrichtung wechseln (four-wall-linedance).
Linedance steht auf dem Stundenplan vieler amerikanischer Schulen. Wie der Name schon sagt, wird in Linien neben- und hintereinander getanzt. Einfache Tänze lassen sich meist schon nach der 2. Wiederholung einfach mittanzen.
Elemente des Linedance werden von USA-kids auch gerne beim „cheerleading" eingesetzt. Am Spielfeldrand der football-boys tanzen die cheerleading-girls oft in Linien und feuern ihr Team dabei lautstark an.

The itsy bitsy spider – Das Spinnenlied

Nr. 36

Die Melodie des „Itsy bitsy spider" (dt. Klitzekleine Spinne) ist in Deutschland mit dem Text „Spannenlanger Hansel, nudeldicke Dirn" allseits bekannt.
Das Tempo ist mäßig. Für Kindertanz bestens geeignet.

trad. USA
Bearbeitung: D. Ferber

The itsy bitsy spider climbed up the water spout
Down came the rain and washed the spider out
Out came the sun
and dried up all the rain
And the itsy bitsy spider
climbed up the spout again

Eine kleine Spinne, die krabbelt an der Wand
Dann kommt der Regen und spült sie in den Sand
Kommt die liebe Sonne
und trocknet Haus und Land
Eine klitzekleine Spinne
krabbelt wieder an der Wand

The Itsy Bitsy Spider Linedance

Dieser Tanz gehört zu den Lieblingstänzen unserer Tanzmäuse. Mit flinken, geschmeidigen Bewegungen imitieren sie den Spinnenlauf. Dazu werden zwei moves einstudiert – mal vor und zurück und dann seitwärts, mal nach rechts und dann nach links. Sind die moves einmal verinnerlicht, können sie zu jeder Gelegenheit vorgeführt werden. Wir konnten schon beobachten, wie unsere Tanzmäuse an der Bushaltestelle zur Freude aller Anwesenden eine kleine Sondervorstellung gaben. Move on! Bleibt in Bewegung!

Alter: ab 6 Jahren
Aufstellung: in Reihen oder Linien
Musik: The itsy bitsy spider Nr. 36

Die Kinder üben zuerst zwei Linedance-moves: Einen Vorwärts- und einen Sidestep-move. Zu einem kompletten Linedance-move (Element) gehören immer acht Schritte.

Ausgangsposition: Füße zusammen

Linedance move vor & zurück

1 rechten Fuß einen Schritt zurück
2 linken Fuß einen Schritt zurück
3 rechten Fuß einen Schritt zurück
4 linken Fuß einen Schritt zurück und mit der Fußspitze auftippen
5 linken Fuß einen Schritt vor
6 rechten Fuß einen Schritt vor
7 linken Fuß einen Schritt vor
8 rechten Fuß einen Schrtt vor und mit der Fußspitze auftippen

Linedance move seit & kreuz

1 rechten Fuß einen Schritt seitwärts nach rechts
2 linker Fuß kreuzt vor dem rechten Fuß
3 rechten Fuß einen Schritt seitwärts nach rechts
4 linker Fuß kreuzt mit aufgetippter Fußspitze vor dem rechten Fuß
5 linken Fuß einen Schritt seitwärts nach links
6 rechter Fuß kreuzt vor dem linken Fuß
7 linken Fuß einen Schritt seitwärts nach links
8 rechter Fuß kreuzt mit aufgetippter Fußspitze vor dem linken Fuß

Die beiden moves miteinander abwechseln. Wie Spinnen tanzt die Gruppe kreuz & quer über die Tanzfläche. Durch Dreh-Richtungsänderung lassen sich die Linedancemoves in alle Richtungen ausführen. Hauptsache, es geschieht synchron.
Mit den Armen „Spinnenarmbewegungen" machen: Beide Arme in die Luft, die Finger spreizen und dazu den Kopf shaken (schütteln).

Que rico bailo yo – Wie gut ich tanze
Lateinamerikanische Tänze

Die Welt verdankt Südamerika nicht wenige unvergessliche Tänze. Zunächst einmal den Samba aus Brasilien. Rumba, Mambo, Chachacha, Danzòn und Habanera, um nur einige zu nennen, reisten von Kuba aus um die Welt.
Die verschiedenen lateinamerikanischen Länder haben sich nicht nur seit Jahrhunderten gegenseitig beeinflusst, einige ihrer als typisch bezeichneten Musikstile sind auch aus der Verschmelzung der einheimischen mit importierten musikalischen Elementen entstanden.

Cumbanchero – Lateinamerikanischer Samba

Nr. 26

Dieser Titel, der in ganz Lateinamerika bekannt ist, erscheint oft als Bestandteil eines feurigen Brasil-Samba-Medleys. Samba ist eine ganz und gar tanzorientierte Musikrichtung. „Cumbancheros" heißen die Tänzer, die sich zu den Klängen der tambors (Trommeln) temperamentvoll bewegen.

trad. Lateinamerika
Bearbeitung: D. Ferber

A cumba, cumba, cumba, cumbanchero
A bongo, bongo, bongo, bongosero
Priquití, que va sonando
El cumbanchero bongosero que se va
Bongosero que se va.

Y suena así el tambor
Priquití bumbambá
Y vuelve a repicar
Priquití bumbambá.

Dort tanzt der Cumba-Tänzer „Cumbanchero"
Ein Bongospieler trommelt hinterhero
„Priquití" so klappert, klingt die Bongo
Und so tanzen beide durch die Stadt
Tanzen beide durch die Stadt

Und du hörst weit der Trommeln Klang
Priquití bumbambá.
Bum, bum, bum, bum, den ganzen Weg entlang
Priquití bumbambá.

Latin Dance – Getanzte Lebensfreude!

Ein großer Teil der lateinamerikanischen Rhythmen lässt sich auf die so genannten ABC-Länder zurückführen: Afrika, Brasilien, Cuba. Der Latin-Dance wird gerne als übermütiger Tanz mit weichen, hüpfenden Bewegungen bezeichnet. Charakteristisch ist eine Hüfte, die unentwegt „rollt". Aus dieser Hüftbewegung heraus werden die eigentlichen Schritte gesetzt.

Samba – Bouncen mit den Hüften

Der Ursprung der Samba liegt in Afrika und geht auf die Tänze der Bantu (Angola, Kongo, Mozambique) zurück. Der Name dieser Tanzart stammt vom afrikanischen Wort »semba« (= Bezeichnung für typische Hüftbewegungen). Samba ist gleichzeitig Rhythmus, Tanz und Musik: Ausdruck von Lebenskraft, Energie und fröhlicher Ausgelassenheit. Die raschen und pulsierenden Rhythmen verführen wie von selbst zu Bewegung und Tanz

„Samba" hat keine feste Tanzform und besteht aus einem Sammelsurium afrikanisch angehauchter Einzelelemente, die sehr schnell ausgeführt und aneinander gereiht werden – einziger gemeinsamer Nenner ist ein ständiges „Bouncen" (auf und ab wippen).

Die Sambaschulen „escolas de samba" erfüllen eine wichtige soziale Aufgabe, indem sie Kindern aus den „favelas" die Möglichkeit bieten, sich sinnvoll zu beschäftigen, zu tanzen, zu singen und in der Gruppe auf ein Ziel hin zu arbeiten: Die Mitglieder studieren Choreografien ein, schneidern Kostüme oder treffen sich einfach, um zu reden. Gesang, Instrumentierung und Bewegung sind beim Samba untrennbar verbunden. Samba eignet sich jederzeit für jede Aufführung. Naheliegend ist natürlich auch bei uns der Karneval mit Verkleidung und Übermut und jeder Menge Narrenfreiheit.

Ramba Zamba Kinder Samba

Samba ist schließlich eine überströmend fröhliche und temperamentvolle Angelegenheit. Durch die schwungvollen und fließenden Bewegungen macht das Tanzen nach lateinamerikanischen Rhythmen nicht nur Spaß, sondern stärkt auch die Hüft-, Bauch- und Bein-Muskulatur.

Alter: ab 5 Jahren
Material: (selbst gebastelte) Trommeln und Rasseln, Kostüme nach Lust und Laune – Hauptsache bunt!
Musik: Cumbanchero Nr. 26

Samba, das bedeutet geschmeidige Bewegungen zu heißen Rhythmen ...
Wichtiger als korrekte Schritte ist bei diesem Samba, sich so richtig auf die temperamentvolle Musik einzulassen, selbst wenn da jemand aus der Reihe tanzt!

Die TänzerInnen stellen sich in mehreren Reihen hintereinander auf. Hilfreich ist, wenn die Tanzleitung (oder ein Rhythmus sicheres Kind) sich als VortänzerIn vor die Gruppe stellt. Alle begleiten das Lied beim Tanzen mit Rasseln und Trommeln. Und dann geht so richtig die Post ab.
Da heißt es „bouncen" mit geschmeidigen Hüftbewegungen – Muskelkater garantiert!

Samba Bouncer
Bouncen ist die für Samba typische sich ständig wiederholende Vorwärts- und Rückwärts- sowie eine Auf- und Abbewegung mit viel Beckenarbeit und leicht gebeugten Knien.
Die flinken Beinaktionen lassen sich individuell je nach Laune gestalten.

Latino Aerobic

Das Wort *aerob* heißt in der Übersetzung so viel wie *Sauerstoff veratmend.* Aerobic ist gleichzeitig Fitnesstraining sowie Schulung von Ausdauer und Beweglichkeit. In einer kurzen Warm-up Phase lernen die TänzerInnen zu lateinamerikanischen Rhythmen einige Grundbewegungen, die später zu einer Kombination/Choreographie zusammengesetzt werden. Durch flexible Elemente entsteht am Ende ein Latino-Aerobic-Tanz: Klassische Aerobic-Grundschritte kombiniert mit Hüftschwung, Brustschütteln und heißer Musik.
Die Hüfttechnik ist sehr dynamisch, die Armbewegungen sind locker und frei, um mehr Ausdruck zu ermöglichen. Eine offene Oberkörperhaltung signalisiert den persönlichen „Stolz" als typische Eigenschaft der Latinos.

Fiesta Latina

Bei diesem Tanz drehen sich die TänzerInnen schwungvoll – aber was wollen sie dabei mit dem Lasso einfangen???

Alter: ab 6 Jahren
Musik: La bamba Nr. 27

Die Kinder stellen sich mit leicht gebeugten Knien, dem Gewicht auf den Zehen, und den Händen am Gürtel auf.

Der Tanz besteht aus drei Elementen, die im Wechsel ausgeführt werden.

1. volverse y tocando las palmas – Sich drehen und klatschen
- Fersen nach links drehen
- Zehen nach links drehen
- Fersen nach links drehen – klatschen!

  Das ganze nun nach rechts:
- Fersen nach rechts drehen
- Zehen nach rechts drehen
- und wieder die Fersen nach rechts – klatschen!

2. Muévete caderas – Hüftschwung und -klaps
- Mit dem linken Fuß einen Schritt nach vorne treten und mit der linken Hand auf die linke Hüfte klatschen.
- Mit dem rechten Fuß einen Schritt nach vorne treten und mit der rechten Hand auf die rechte Hüfte klatschen.
- Knie beugen und Hüftschwung nach links,
- danach einen Hüftschwung nach rechts

3. Laceador – Lasso werfen
- Mit dem rechtem Fuß einen Schritt nach rechts, mit dem linken Fuß folgen.
- Einen weiteren Schritt nach rechts, mit dem linken Fuß folgen. Dabei mit dem rechten Arm eine „Lassobewegung" ausführen.

  Das ganze nach links:
- Mit dem linken Fuß einen Schritt nach links, mit dem rechten Fuß folgen.
- Einen weiteren Schritt mit dem linken Fuß nach links, wieder mit dem rechten Fuß folgen. Diesmal mit der linken Hand die Lassobewegung ausführen.

La bamba – Mexikanisches Tanzlied

Nr.27

„Es una danza de carnaval, pero se baila también en otras ocasiones“

Mexikanische Musik- und Tanztraditionen wurzeln in der präkolumbianisch-indianischen Musik und in der europäischen, überwiegend spanischen Kultur.
Es heißt, die lebensfrohe Bamba aus der Provinz Veracruz sei ursprünglich ein Hochzeitstanz. Heute wird sie zu beliebigen Anlässen gesungen, besonders beim Karneval, und nicht selten unter spontaner Hinzudichtung weiterer Strophen. Dieser Tanz ist ein schönes Beispiel für Musikalität und Körpergefühl, das in Lateinamerika durch Wechselbeziehung verschiedener Kulturen entstand.

trad. Mexiko
Bearbeitung: D. Ferber

La Bamba Party
mit Tanzspielen & Scherztänzen

Partytänze sind recht schnell zu lernen, das macht sie so beliebt. Ein Partytanz besteht in der Regel aus einer 8 bis 16 Takte langen Folge, die sich beständig wiederholt. Für unsere La Bamba Party unternehmen wir eine tänzerische Reise nach Mexico. Und da bei Partytänzen Verkleidung erwünscht ist: Sombreros, Strohhütchen, Ponchos, Rebosos (bunte Schultertücher), Botines (Stiefel) und Paliacates (Halstücher, vorzugsweise rot) sorgen für mexikanisch bunten Flair.
Und nach dem Tanzen könnten alle zusammen leckere Taccos verspeisen ...

Viva la Fiesta – Tanzaufforderungsspiel

Musik: La bamba Nr. 27

So füllt sich die Tanzfläche:
Ein Tanzpaar geht auf's Parkett und tanzt den ersten Tanz zunächst alleine. Kaum setzt die Musik aus, trennen sich die beiden und suchen sich aus dem Publikum jeweils neue PartnerInnen.
Zwei Paare drehn sich auf dem Parkett.
Wieder stoppt die Musik – und die gleiche Prozedur beginnt ...
So vermehren sich die TänzerInnen rasch, bis alle auf dem Tanzboden sind.

Viaje a Mexico – Reise nach Mexico

Die Reise nach Jerusalem ist bekannt. Heute geht's aber nach Mexiko, und die Paare tanzen zu einem lateinamerikanischen Rhythmus:

Material: ein Stuhl weniger als TänzerInnen
Musik: La bamba Nr. 27

Die Tanzfläche mit Stühlen (einen weniger als TänzerInnen) umstellen.
Geht die Musik an, tanzen alle. Stoppt die Musik, suchen sich alle schnell einen Platz. Wer keinen freien Stuhl findet, scheidet aus und feuert die übrigen TänzerInnen durch Klatschen an.

Sombrero-Huttanz

Guadalajara – die zweitgrößte Stadt von Mexiko – ist Heimat vieler Landestraditionen: der Charreadas (Rodeos), des Jarabe Tapatio (Sombrerotanz) und des berühmten breitkrempigen Sombreros.

Alter: ab 4 Jahren
Material: 1 Sombrero
Musik: La bamba Nr. 27

Während des Tanzes stülpt die Tanzleitung einem Kind den Sombrero auf. Dieses muss den Hut nun so schnell wie möglich wieder loswerden und einem anderen Kind aufsetzen – aber dabei weiter tanzen!
Bricht die Musik ab, scheidet zwar aus, wer gerade den Hut auf hat – darf aber für die nächste Runde bestimmen, wer den Hut als erstes tragen muss.
Zuletzt bleibt ein Paar übrig, das sich zur allgemeinen Belustigung mit dem Hut betanzt.

Papa Roach Shaker

Papa Roach ist der Vater aller Küchenschaben und weiß seine sechs Beinchen wohl zu gebrauchen. Flink eilt er von dunkler Ritze zu dunkler Ritze und verspeist so ziemlich jedes Krümelchen, das er findet. Als Tanzrequisit für eine Aufführung empfehlen wir Haarreifen mit lustig wippenden Cucaracha-Fühlern aus Pfeifenputzern.

Musik: La cucaracha (CD: In 80 Tönen um die Welt, s. Anhang)

Die TänzerInnen halten den rechten Zeigefinger an die Schläfe, die linke Hand an die Hüfte.
Setzt die Musik ein:

- mit dem rechten Fuß startend vier Schritte einen kleinen Halbkreis gegen den Uhrzeigersinn laufen
- das Ganze in die andere Richtung
- stehen bleiben: beide Arme über den Kopf strecken, dann mit der Hüfte wackeln, den rechten Arm nach vorne ausstrecken und ausschütteln, den linken Arm nach vorne ausstrecken und ausschütteln
- rechten Zeigefinger an die Schläfe, linke Hand an die Hüfte und wieder laufen ...

El Tiburon – Party Reihentanz

(tiburon = Hai) Ein einfacher und in der Salsa Szene sehr beliebter Linedance, bei dem lateinamerikanische Rhythmen möglichst synchron in einer Linie getanzt werden. Die Schrittkombination ist beliebig. Tanzthema ist die Aussschau nach einem Hai. Es lässt sich aber auch auf die Suche nach Papa Roach (cucaracha-Kakerlake) umsetzen. Statt der Haifischflossengesten werden dabei Arme und Finger nach außen gestreckt. Papa Roach hat nämlich viele Beinchen!

Alter: ab 6 Jahren
Musik: La bamba Nr. 27 und/oder Cumbanchero Nr. 36

Die TänzerInnen stellen sich in einer Reihe nebeneinander auf. Der Tanz gliedert sich in zwei Abschnitte: „Ausschau halten" nach dem Hai auf der Stelle und Tanz in der Reihe.

Auf der Stelle (acto seguido) nach dem Hai (tiburon) Ausschau halten ...

1-4 rechte Hand an Stirn (leichtes Wippen in den Knien, Ausschau halten nach rechts)
5-8 linke Hand an Stirn (leichtes Wippen in den Knien, Ausschau halten nach links)
1 rechter Arm mit Handfläche nach oben gestreckt nach vorn
2 linker Arm mit Handfläche nach oben gestreckt nach vorn
3 rechter Arm gebeugt mit rechter Handfläche auf linker Ellenbeuge
4 linke Handkante senkrecht an die Stirnmitte (Haifischflosse)
5-8 Knie schlottern (öffnen und schließen), Arme bleiben in Position

In einer Reihe tanzen (bailando en rayas) ...

1-4 4 Schritte nach rechts, beim letzten Schritt klatschen
(re, li nachstellen, re, li nachstellen und klatschen)
5-8 4 Schritte nach links, beim 4. klatschen
(li, re nachstellen, li, re nachstellen und klatschen)
1-4 3 Schritte zurück (rechts beginnt), auf 4 nur die linke Ferse aufstellen
5 Gewicht verlagern auf linke Ferse, rechten Fuß hinten hoch
6 Gewicht auf rechte Ferse verlagern, linken Fuß hinten hoch
7 Gewicht wieder zur Mitte bringen, linken Fuß aufsetzen
8 mit dem rechten Fuß eine Vierteldrehung hüpfen (nach links)
1-4 4 Schritte nach rechts + klatschen
5-8 4 Schritte nach links + klatschen ...

Capoeira – tänzerische Kampfkunst aus Brasilien

Capoeira, eine spielerische Kombination aus tänzerischer Bewegung, Musik und Kampf, bietet zugleich Körperschulung und Riesenspaß.
Ziel der Capoeira ist die Entwicklung von Körperbeherrschung, Kraft und Beweglichkeit, die im Spiel ihren Ausdruck finden. Fantasie, schnelles Agieren und Reagieren in unterschiedlichsten Situationen machen das Spiel so ungeheuer spannend.
Die Capoeiristas bilden einen Kreis, die *Roda de Capoeira.* Dort begegnen sich zwei Capoeiristas, um Bewegungen im freien Spiel zu praktizieren. Ziel des Spieles ist aber nicht, den anderen durch Aggression zu besiegen, sondern sich in gekonntem Zusammenspiel durch Geschicklichkeit und Tempo die Grenzen aufzuzeigen.
Ein Capoeira Lied ist meist aus einfachen Zweizeilern zusammengesetzt, die aus einem Ruf-und-Antwort-Wechselgesang zwischen Vorsänger und Chor hervorgegangen sind.

Jê! Hör zu, du Süßwasserkrebs
Trotz deiner Greifzangen.
Wenn ich komme, gehst du fort
Wenn ich fortgehe, kommst du.

Ai, Ai, Aidê

Nr. 28

Beim Capoeira-Spiel setzt sich die Musik aus den Rhythmen verschiedener Perkussionsinstrumente, dem Rufen eines Vorsängers und den Antworten aller Beteiligten im Chor zusammen. Dieser Dialog hat erheblichen Einfluss auf das Spielgeschehen: Es gibt z. B. Lieder, die zum „jogo bonito", einem schönen Spiel aufrufen. Andere wiederum warnen AnfängerInnen, sich „nicht die Zähne auszubeißen".
Bei der Auswahl unseres Capoeira-Liedes haben wir uns für den Corrido-Stil entschieden. Wie der Name schon sagt (corrido = geeilt, gerannt), handelt es sich dabei um einen antreibenden Gesang.

trad. Brasilien
Bearbeitung: D. Ferber

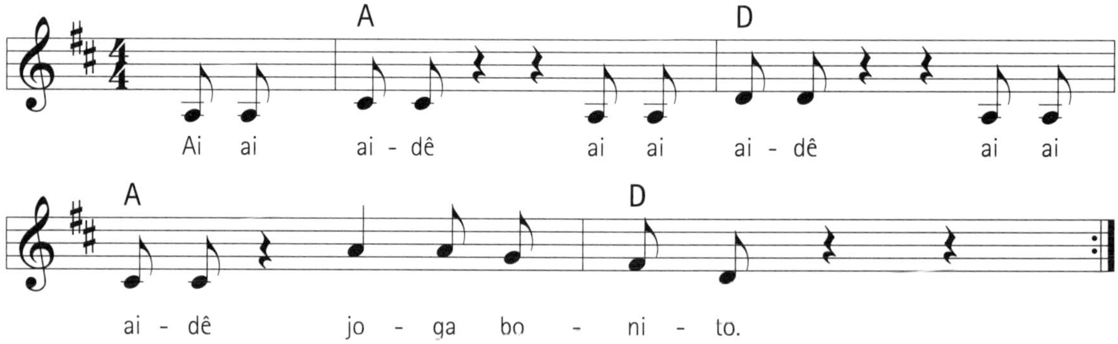

V:	Ai, Ai, Aidê	Ai, Ai, Aidê
C:	Ai, Ai, Aidê	Ai, Ai, Aidê
V:	Ai, Ai, Aidê	Ai, Ai, Aidê
C:	Ai, Ai, Aidê	Ai, Ai, Aidê
V:	Ai, Ai, Aidê	Ai, Ai, Aidê
Alle:	Joga bonito	Spiel schön

Anfeuerungsrufe

Que eu quero ver	Denn ich will's sehn
Que eu quero aprender	Denn ich will's lernen

V = VorsängerIn
C = Chorgesang (Côro)

Die Rolle als VorsängerIn wird von den Kindern abwechselnd übernommen.
Dabei können sie auch eigene Aufforderungen ausrufen.
Die auffordenden Ausrufe stehen meist in direktem Zusammenhang mit dem Spielgeschehen in der Capoeira-Runde. Spontan geschaffene, in Versform gekleidete Sticheleien sollen die ZuschauerInnen zur Teilnahme am Kampftanz bewegen.

Jogar capoeira – Capoeira spielen

Als der Autor in Hamburg im Rahmen eines Kinder Weltmusikprojektes seine erste Kinder-Capoeira Aufführung sah, war er sofort begeistert. Vergnügt bebachtete er die Kinder beim spielerischen Kampftanz. Dabei zeigte ein 9-jähriges Mädchen den Jungs die tollsten Ginga-Schrittvarianten. Ginga (sprich: djinga) heißt der Capoeira-Grundschritt, aus dem sämtliche tänzerische Angriffs- und Verteidigungsbewegungen erfolgen. Ohne Ginga keine Capoeira!

Alter: ab 6 Jahren
Material: Gymnastikmatte, Handschlagpolster (Handpratze), Trainingsanzug
Musik: Ai, Ai, Aidê Nr. 28

Ginga Grundschritt

Die Kinder üben zuerst den Ginga Grundschritt ein.
Sie sind in der Ginga ständig in Bewegung. Wichtig ist, die Bewegungen möglichst flüssig auszuführen.

1. Locker etwas breitbeinig hinstellen und leicht in die Knie gehen.
2. Das rechte Bein nach hinten ziehen und gleichzeitig den rechten Arm wie zum Schutz vors Gesicht holen.
3. Zurück zur Ausgangsposition.
4. Nun das linke Bein nach hinten ziehen und den linken Arm vors Gesicht holen.

Die Bewegung zuerst allein und in Zeitlupe ausführen.
Mit Bewegungen seitwärts, vorwärts, rückwärts ... improvisieren.

Beim Training feuern sich die TänzerInnen gerne an:

Ai, Ai, Aidê	*Hopp, hopp, hopp*
Que eu quero ver	*Denn ich will's sehn*
Que eu quero aprender	*Denn ich will's lernen*

Wenn der Ginga Grundschritt sitzt, wird er mit Musik aufgeführt.

Ginga Spiegel

Zwei Spiegelbilder „kämpfen" tanzend miteinander. Dieses Bewegungsspiel verlangt viel Harmonie und Konzentration. Der Schwerpunkt der Übung liegt in der gegenseitigen Kontrolle.

Beim Gingaspiegel stehen sich die zwei PartnerInnen (Spiegelbilder) gegenüber.
Im Wechsel übernehmen die PartnerInnen die „Führung" und geben eine Ginga vor. Der andere folgt der Bewegung fast zeitgleich, als sei er das Spiegelbild.
Perfekt gekonnt ist diese Übung, wenn für ZuschauerInnen nicht erkennbar ist, wer vor dem Spiegel und wer das Spiegelbild ist!

Ginga-Sparring mit Handpratze

In der Capoeira gibt es viele Angriffsbewegungen wie z. B. „Armada" oder „Martelo", die exakt vorgeschrieben und benannt sind. Diese Bewegungen werden aus dem Grundschritt heraus ausgeführt, münden in einen Tritt und wollen gut beherrscht sein.
Bei unserem Spiel zeigen die TänzerInnen freie Angriffsbewegungen, die Kindern leicht fallen.

Die SpielerInnen stellen sich in einer Reihe hintereinander auf. Die Tanzleitung steht mit der Handpratze in einiger Entfernung vor der Gruppe.
Hinweis: Die „Abwehrhand" zur Sicherheit immer mit einer Handpratze schützen. Am Anfang die Pratzenhand auf Hüfthöhe halten und mit der Zeit immer höher, bis Kopfhöhe.

Nacheinander tanzen die SpielerInnen im Grundschritt auf die Tanztrainerin zu und greifen die Handpratze aus der Bewegung heraus spielerisch an.

Möglichkeiten:
- geradeaus oder aus der Hüftdrehung an die Handpratze treten
- die Pratze mit dem Arm anschlagen, rückwärts laufen und treten
- seitwärts an die Pratze kicken
- die Pratze mit der flachen Hand abklatschen ...

Eine besonders geschickte und elegante Tret- und Schlagbewegung würdigt die Gruppe mit einem anerkennenden: „Ai, Ai, Aidê!"

Hawaii no ka-oi –
Hawaii ist das Beste

Eine längst vergangene Zeit, deren Atem dem Leben eingehaucht wurde, ist Hula.
Es ist ein Augenblick, in dem unsere Gedanken jemanden berühren.
Es ist das Aloha (die Liebe), das 'Eha (der Schmerz),
das Pono (die Hoffnung) und das Hu'ue (der Humor) eines Volkes.
Es ist das Überleben dieses Volkes.
Es ist das Volk. Es ist Hawaii.

Eines Tages ging der polynesische Halbgott Maui auf Fischfang. Dabei verhedderte sich sein Netz am Meeresgrund. Er hat mächtig gezogen, denn was heraufkam waren nicht etwa Fische, sondern acht Inseln: Niihau, Kauai, Oahu, Molokai, Lanai, Maui, Kahoolaw und Hawaii. Der bemerkenswerte Fang umfasste die Hauptgruppe der Hawaii-Inseln. – So sagt es die polynesische Legende.

Tatsächlich sind die Inseln an der Nordspitze des polynesischen Dreiecks vulkanischen Ursprungs und Gipfel einer 3000 km langen, untermeerischen Gebirgskette. Das Klima und die verschwenderische Fülle des Lebens ermöglichten den Hawaiianern früher ein gemächliches Leben. Es war leicht möglich, die Arbeit zugunsten des Spiels beiseite zu schieben. „Uku paup" pflegten die Hawaiianer zu sagen: „Wir haben gearbeitet, jetzt wollen wir etwas anderes tun."

Heute ist Hawaii eine amerikanische Insel mit original-hawaiianischem Flair – und untrennbar verbunden mit dem Hula, einem ehemals religiösen Tanz und inzwischen sozusagen Sinnbild von Hawaii.

Der Hawaiianische Hula – überfließende Sonnenenergie

Wiegt eure Hüften im Rhythmus der Wellen,
während die Hände den Flug der Vögel imitieren.

Hula ist der ursprünglich heilige Tanz auf Hawaii. „Hu" steht für die Energie und „La" für Sonne; frei übersetzt: „überfließende Sonnenenergie". Hula als spirituelles Bewegungs- und Klangritual ist eine Form, die Geschichte der Menschen und ihrer Götter aufzuzeichnen und wiederzugeben. „Hawaiianische Musik" ist eine Verschmelzung von Stilen, deren Wurzeln auf den traditionellen „mele hula" zurück zu führen sind. Die heutige Darbietungsform (im Tanz und in der Musik) ist sehr weich und geschmeidig, bezeichnend die Gesangstechnik und die Slide-Gitarre.
In Hawaii wird Hula von Frauen, Männern und Kindern getanzt. Kinder lernen Hula bereits im Kindergarten. Die erfahrenen Lehrer (Kumu) unterrichten und von den Tutu (Omas) erhält man den letzten Schliff.

Der Hula-Tanz

Der Hula besteht hauptsächlich aus rhythmischen Bewegungen des Oberkörpers und der Hände. Er beginnt ruhig und steigert sich dann immer mehr im Tempo. Die einzelnen Schritte und Handbewegungen, aber auch Kopfhaltung und Blicke haben eine ganz bestimmte Bedeutung. Berühmt ist der Hula für seine weichen, fließenden, den ganzen Körper miteinbeziehenden Bewegungen und für die beruhigend wirkenden Südseerhythmen.
Der tänzerische Ausdruck von Füßen, Armen, Händen und Gesicht stellt beim Hula eine Zeichensprache dar. Die Füße bestimmen den Takt, während Arme und Hände den festgelegten Inhalt des Tanzes vermitteln.
Hawaiianische Kinder lernen durch Hula auf spielerische Art und Weise, sich in eine Gruppe einzufügen. Hula-Tänzer und -Tänzerinnen nennen sich in Hawaii „Hula-Bruder" und „Hula-Schwester". Das trägt zu einem starken Gemeinschaftsgefühl bei. Die Hula-TänzerInnen gliedern sich in zwei Gruppen: die Olapa, die wendigen TänzerInnen, junge Leute, die den Tanz vorführen, und die Ho'o-paa, die an einem Platz bleiben und mitwippen.

Hula ho'onâ̂â – Ein Hula zum Vergnügen

Nr. 33

Im Gesang kommt die ganze Schönheit der polynesischen Sprache zum Ausdruck. Da Kinder gerne Silbenmelodien singen, haben sie viel Spaß mit „Hula ho`onâ̂â"
(ho`onâ̂â = anregen zum hingucken)
Auf der CD „Kindertänze aus aller Welt" findet sich dieser Titel in einem gemäßigten Tempo, der Kindern beim Tanz entgegen kommt. Bei diesem Lied beschreibt der Text die Tanzbegleitung.

trad. Hawaii
Bearbeitung: D. Ferber

1. E huli, e huli mäkou — Wir drehen uns alle zur Seite
E huli, e huli mäkou — Wir drehen uns alle zur Seite

Refrain
Kou maka, kou lima — *Wir bewegen uns in Liebe*
Me kou kino e ke aloha — *Mit Augen, Händen und dem Körper ganz*

2. I mua, i mua mäkou — Nach vorn, wir gehn alle nach vorne
I hope, i hope mäkou — Zurück, wir gehen alle zurück...
Kou maka, kou lima ... — *Wir bewegen uns ...*

3. I lalo, i lalo mäkou — Wir bewegen uns alle zu Boden
I lalo, i lalo mäkou — Wir bewegen uns alle zu Boden
Kou maka, kou lima ... — *Wir bewegen uns ...*

4. I luna, i luna mäkou — Wir stehn alle ganz schnell wieder auf
I luna, i luna mäkou — Wir stehn alle ganz schnell wieder auf
Kou maka, kou lima ... — *Wir bewegen uns ...*

5. E huli, e huli ho`i mai — Wir drehn uns alle herum
E huli, e huli ho`i mai — Wir drehn uns alle herum
Kou maka, kou lima ... — *Wir bewegen uns ...*

Der vergnügliche Hula-Tanz

Dieser Tanz entstand 1949 im legendären Gasthaus „Kona Inn" auf Hawaii. Das Hotelpersonal entwickelte ihn mit seiner einfachen Form, um den Gästen das Mittanzen möglichst leicht zu machen. Beim Lied beschreibt die Textübersetzung die Tanzbegleitung. Das erleichtert Neulingen einen schnellen Einstieg zum Mittanzen. Und so ist der Tanz auch ursprünglich gedacht.

Alter: ab 6 Jahren
Musik: Hula ho`onânâ 💿 Nr. 33

Hula warming-up
Die TänzerInnen bilden einen Halbkreis um eine VortänzerIn.
Bevor die Musik einsetzt und der Tanz beginnt, wird zum „Einschwingen" der **waterfall-move** ausgeführt:

- Die Hände parallel vorne nach oben in den Himmel strecken.
- Die gespreizten Finger zappeln in der Luft.
- Die Hände mit einer Beugebewegung nach unten strecken.

Die Bewegung ist fließend und der Blick immer auf die Hände gerichtet.

Hula Hüftschwung
Jetzt wird die Musik zugespielt und die TänzerInnen wiegen ihre Hüften sanft im Rhythmus, während die Hände den Flug der Vögel imitieren.
Dabei mit beiden Füßen auf dem Boden stehen bleiben!

Beherrschen die TänzerInnen die Hula Grundbewegung wird zum Lied getanzt:
Alle Bewegungen mit dem harmonischen Hula Hüftschwung ausführen.
Der Liedtext gibt die Bewegung vor:

Strophen: Da wird nach vorne gegangen, sich zur Seite und im Kreise gedreht ...
Die Arme dazu möglichst synchron im waterfall-move Stil bewegen.
Refrain: Während des Refrains Hüftschwung und waterfall-move.

Hula hue hupp – Schneller Hula hupp

(hue = schnell) Beim Spiel mit dem Hula-Hupp-Reifen wird das Schwingen und Kreisen mit den Hüften auf die Probe gestellt.
„Hula-Hupp" ist zwar eine kalifornische Erfindung und soll angeblich überhaupt nichts mit dem Hula aus Hawaii zu tun haben, aber zum Schluss eines Programms macht es viel Spaß, damit einen kleinen Wettbewerb zu gestalten.

Alter: ab 5 Jahren
Material: Hula-Hupp-Reifen für alle
Musik: Hula ho`onânâ 💿 Nr. 33

Die Kinder lassen zum Lied die Hula-Hupp-Reifen um die Hüften kreisen. Wem gelingt es, den Reifen immer schneller kreisen zu lassen und mit dem Rhythmus der Trommel mitzuhalten, ohne dass der Reifen zu Boden rutscht?

Lakau o te vao – Die Palmen in den Plantagen Nr. 34

Lieder und Tänze, die Geschichten erzählen, beschreiben Kindern, wie Menschen an anderen Orten dieser Welt leben. In vielen Gegenden, besonders aber im südpazifischen Raum, erfüllen Lieder und Tänze in gewisser Weise einen Lehrauftrag: Sie erzählen von der Landesgeschichte, aber auch von Verhaltensweisen, die von jedem Familienmitglied und Dorfbewohner in einem bestimmten Alter erwartet werden, von Natur – und Naturkatastrophen ...

trad. Polynesien
Bearbeitung: D. Ferber

gesprochen:

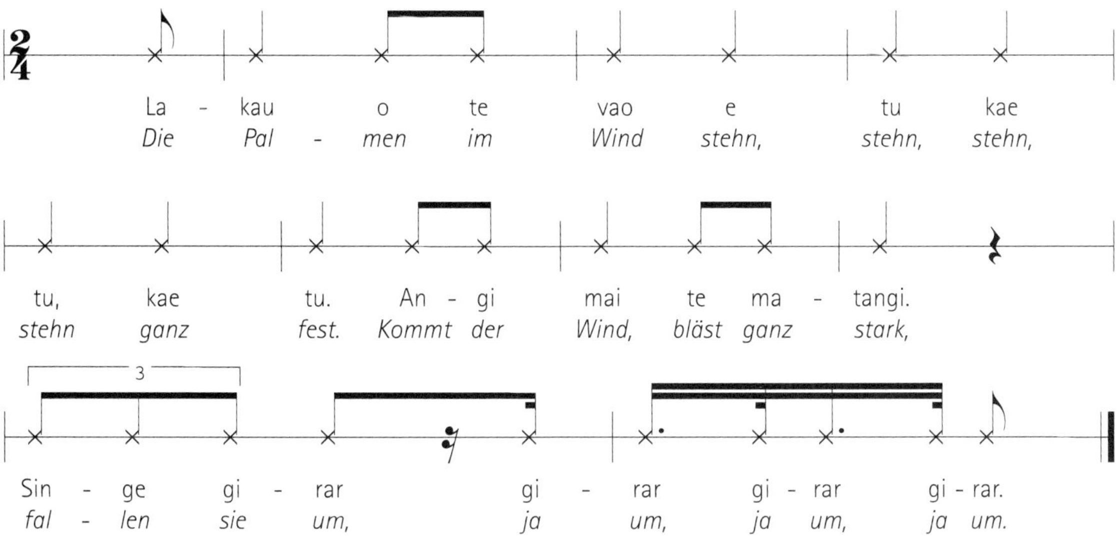

Lakau o te vao
E tu, kae tu, kae tu
Angi mai te matangi
Singe girar
Girar, girar, girar

Die Palmen im Wind
Stehn, stehn, stehn, stehn ganz fest
Kommt der Wind, bläst ganz stark
Fallen sie um, ja um, ja um, ja um

The palm trees in the plantations
Stood, stood and stood
But if the wind blows fiercely
They will fall down
Down down down

Hula hue lakau – Stürmischer Tanz der Palmen

Hawaii liegt in einer pazifischen Sturmbahn, in der tropische Wirbelstürme recht häufig sind. Hurricanes treten dort manchmal mit Windgeschwindigkeiten bis zu 250 km/h in Begleitung von Blitz und Donner auf. Riesige Flutwellen (Tsunamis) und Erdbeben sind keine Seltenheit. Dann heulen auf Hawaii die Alarmsirenen. Die Kinder werden schon in der primary-school auf die Gefahren hingewiesen.
Das Lied von den schwankenden Palmen (Lakau o te vao) wird in Hawaii im Kindergarten gesungen und mit Tanzgesten begleitet. Selbst jüngere Kinder spüren durch dieses Lied, was ein Wirbelsturm bedeuten kann.

Alter: ab 5 Jahren
Musik: Lakau o te vao Nr. 34

Zu Beginn hören sich alle das Lied wiederholt an und singen es schließlich gemeinsam. Dann stellen sich alle in einem Tanzkreis mit ausreichend Abstand zueinander auf.

Das Lied wird nun vom CD-Player zugespielt und mitgesungen.
Der Sprechchor beginnt langsam und wird mit dem herannahenden Hurrikan immer schneller und schneller. Zu den verschiedenen Textpassagen zeigen die Kinder entsprechende Gesten.

Lakau o te vao	*Beide Arme wie die Blätter einer Palme mit gespreizten Fingern ausbreiten. Zum rhythmischen Sprechgesang wiegen sich die TänzerInnen mit sanftem Hüftschwung.*
E tu, kae tu, kae tu	*Auf die Silbe „tu" abwechselnd mit dem rechten und linken Fuß auf den Boden stapfen. (Die Arme bleiben weiterhin ausgebreitet.)*
Angi mai te matangi	*Mit Schwung eine Drehung um die eigene Achse. Dabei mit den Armen auf und ab wedeln, als seien sie Palmblätter im Wind.*
Singe girar	*Auf die Silben Hüpfer machen.*
girar, girar, girar	*Die ausgebreiteten Arme an den Körper fallen und nach unten baumeln lassen.*

Das Kettenlied fängt in einer schnelleren Fassung wieder von vorne an:
Beide Arme mit gespreizten Fingern ausbreiten ...

Europäisches Tanzfest – Wir tanzen durch Europa

Europa ist mit seinen vielen Ländern, Sprachen und Kulturen eine wahre tänzerische Fundgrube. Neben den traditionellen, folkloristischen Gemeinschafts- und Aufführungstänzen finden sich hier auch jede Menge Singspiele, Kreistänze und Bewegungsspiele für Kinder. Europa rückt heute immer enger zusammen. Die Grenzen fallen – allerdings haben sich Tänze ohnehin nie an Landesgrenzen gehalten. Wir finden in vielen Ländern Europas ganz ähnliche kindliche Tanz- und Spielformen. Und so drehen sich die Kinder fröhlich im Tanzkreis, bilden Tanzketten oder tanzen unter Tanzbrücken kreuz und quer und ringsherum durch unseren kunterbunten europäischen Kontinent.

Vi lik dansa – Wir wollen tanzen

In Skandinavien wird das gemeinschaftliche Musizieren & Tanzen eifrig gepflegt und gefördert. Selbst in den Städten dieser dünn besiedelten Regionen ist das kulturelle Leben noch eine – überschaubare – Einheit. Gestaltet wird es von all jenen Menschen, die bereit sind, das Miteinander in ihr Leben aufzunehmen. Das Mittsommerfest und ganz besonders der Tanz um die Mittsommerstange gehört in den skandinavischen Ländern zu den traditionell wichtigsten Ereignissen im Jahresablauf. Skandinavische Folkmusik mit ihrem typischen Chorgesang und dem Klang von Fiddle, Pipa und Akkordeon laden die Füße geradezu zum Mittanzen ein. Mit Hoppsa und Jucheisassa wird jauchzend zum fröhlichen Tanze aufgespielt.

Ringelreigen zum Lied vom röda gullband

Låt oss dansa, sjunga, spela – Lasst uns tanzen, singen und spielen!
Zum fröhlichen 3/4 Takt des Swedish Runddans Liedes vom röda gullband lassen sich viele traditionelle Tänze (z. B. swedish polka, Hambo ...) aufführen. Beim Ringelreihn-Tanz laufen die Kinder im Kreis und klatschen sich ab. Ein schöner Kennenlerntanz zu Beginn einer Tanzrunde.
God dag – Guten Tag.

Alter: ab 5 Jahren
Musik: Och flickan hon går i dansen Nr. 5

Die TänzerInnen bilden Paare und stellen sich jeweils mit dem Gesicht zueinander in einem großen Tanzkreis auf. Dem Nachbarpaar wird also stets der Rücken zugewandt.
Beginnt die Musik zu spielen, tanzt jeder in seine Blickrichtung: die einen mit, die anderen gegen den Uhrzeiger.
Dabei (und um nicht zusammenzustoßen) bewegen sich die TänzerInnen in einer Schlangenlinie, dem jeweils Entgegenkommenden einmal nach links, einmal nach rechts ausweichend. Zusätzlich klatschen sie sich mit der Hand ab oder haken die Unterarme ein. Beides ausprobieren.
Treffen die Ausgangspaare wieder zusammen, haken sie sich ein und drehen sich einmal im Kreis – oder sie tanzen einfach weiter ...

Och flickan hon går i dansen –
Zum Tanze, da geht ein Mädchen

Nr. 5

Bei den Recherchen zu diesem typisch schwedischen Tanzlied befragten wir in der Nähe von Vaxjö (Småland/Südschweden) alle möglichen Leute nach dem Lied vom „röda gullband". Spontan erhellten sich die Mienen der auskunftsfreudigen SchwedInnen. Mit einem schelmischen Grinsen haben sie uns das Lied vorgesungen und mit tänzelnden Bewegungen untermalt.

trad. Schweden
Bearbeitung: M. Scheid

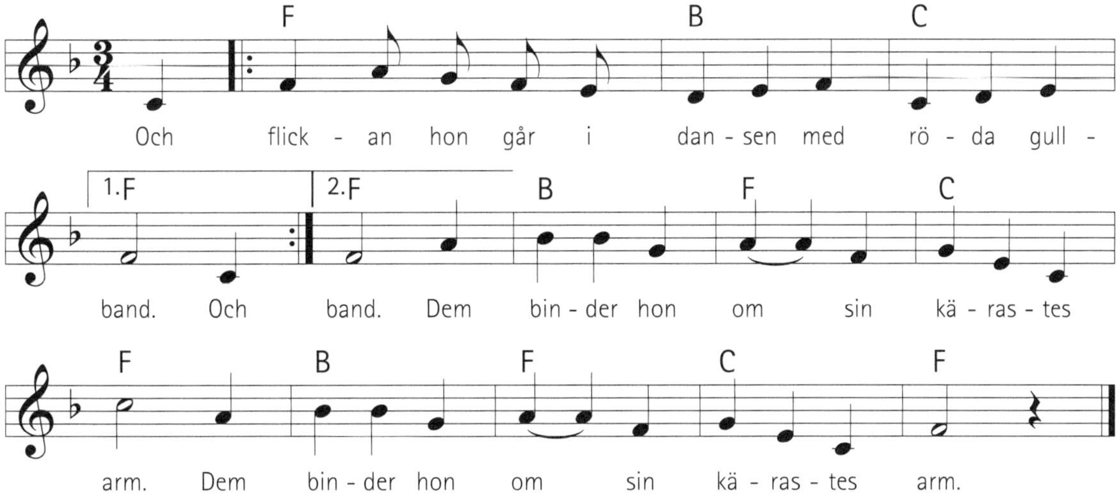

1. Och flickan hon går i dansen med röda gullband
   Dem binder hon om sin kärastes arm

   1. Zum Tanze, da geht ein Mädchen mit güldenem Band
      Das schlingt sie dem Burschen gar fest um die Hand

2. Och kära min lilla flicka knyt inte så hårt
   Jag ämnar ej att rymma bort

   2. Ach herzallerliebstes Mädchen, so lass mich doch los
      Ich lauf dir gewisslich auch so nicht davon

3. Och flickan hon går och lossar på röda gullband
   Så hastigt den lilla skälmen åt skogen försvann

   3. Kaum löset das schöne Mädchen das güldene Band
      Da war in den Wald schon der Bursche gerannt

Bändertänze

Der Winter ist lang und dunkel hier oben im Norden. Dann aber steigt die Sonne höher und höher. Die Abende werden blauer und die Nächte heller. Das ist für die Schweden ein Grund zum Feiern, zum Tanzen, Singen und Freuen. Schließlich wird das Sonnenwendfest gefeiert. Ein Baum – ein geschmückter langer Holzmast – wird unter musikalischer Begleitung in die Senkrechte befördert. Wenn der Baum aufgestellt ist, klatschen alle spontan in die Hände, freuen sich und tanzen um den Baum herum. Dann spielen die Musiker zum Tanz auf. Groß und Klein ergreift mit offensichtlicher Begeisterung die Gelegenheit zum Volkstanz. Anschließend erklingt eine Tanzweise zum Bändertanz, bei dem die Bänder nach einem bestimmten Muster verflochten bzw. verknüpft (daher auch Flecht- oder Webertanz genannt) werden.
Bändertänze gibt es in vielen Ländern Europas. In Österreich heißt er z. B. Bandltanz. In vielen deutschen Gegenden tanzen Kinder & Eltern am 30. April unterschiedliche Trachtentänze um den Maibaum (Tanz in den Mai). In Schweden wird am 21. Juni um den Sonnenwendbaum getanzt.
Der Tanz mit dem Band animiert zu Bewegungen, die sich in den Raum ausbreiten, ihn füllen und weiten. Eine Bewegung, die die menschliche Motorik spielerisch entwickelt und steigert. In der rhythmischen Sportgymnastik sind beim Tanz mit dem Band schon die jüngeren Kinder mit Eifer dabei und verblüffen mit ihren tanzakrobatischen Bänderfiguren.
Bändertanz ist ein Aufführungs-, bzw. Schautanz und immer wieder spannend, sowohl für das Publikum als auch für die TänzerInnen.

Bändertanz am Tanzbaum mit dem röda gullband

Alter: ab 6 Jahren
Material: blaues bzw. gelbes Tanzband (mind. 5 m) und ein buntes Tuch je TänzerIn, Tanzbaum (lange Holzlatte, Fahnenmast o. Ä)
Musik: Och flickan hon går i dansen Nr. 5

In der Tanzmitte steht ein Tanzbaum (das kann auch eine ca. 3 m lange Holzlatte sein, die von zwei HelferInnen gehalten wird). An seiner Spitze werden abwechselnd blaue und gelbe Bänder (Nationalfarben der Schweden) befestigt.

Die TänzerInnen fassen jeweils ein Ende eines Tanzbandes:

- Die „blauen" TänzerInnen fassen das Band mit der rechten Hand und stellen sich als Innenkreis auf.
- Die „gelben" TänzerInnen nehmen ihr Band mit der linken Hand und stellen sich zum Außenkreis.

Setzt die Musik ein, tanzen die Kinder in Schlangenlinien um den Tanzbaum:
- die „blauen" Kinder im Uhrzeigersinn
- die „gelben" Kinder gegen den Uhrzeigersinn

d. h. sie wechseln ständig von der Außen- zur Innenlinie – die Bänder verflechten sich.
Auf ein Zeichen der Tanzleitung, bleiben die TänzerInnen kurz stehen, und tanzen in entgegengesetzter Tanzrichtung zurück – die Bänder entflechten sich wieder.

Hinweis: Das Ein- und Ausdrehen mit den Bändern lässt sich sehr kunstvoll gestalten: Die Kinder können z. B. mit der Tanzleitung ganz eigene Flechtwege erfinden und einüben.

Zum Abschluss des Tanzes laufen (hüpfen, schreiten ...) die Kinder mit ihren Bändern stetig in eine Richtung. Die Bänder schlingen sich mit jeder Drehung einmal um den Tanzmast. So wird der Kreis immer enger bis die TänzerInnen am Mast angekommen sind und ganz eng beieinander stehen. Zum Tanzende winken die Kinder mit ihren bunten Tüchern dem Publikum zu. Eine Schlussszene, bei der mit Applaus bestimmt nicht gegeizt wird.

Bändertanz mit Tanzreifen

Beim Bändertanz mit dem Tanzreifen kann die Tanzleitung die TänzerInnen am Tanzband ganz nach Belieben im Kreise führen: Mal langsam, mal schneller, mal rechts-, dann wieder links herum. Eine ideale Übung, um den TänzerInnen Tempogefühl zu vermitteln und sie zu lehren, gleichmäßigen Abstand zu den TanzpartnerInnen zu wahren.

Material: Gymnastikreifen, 1 buntes Band (ca. 3 m lang) je TänzerIn
Musik: Och flickan hon går i dansen Nr. 5

In der Tanzmitte liegt ein Gymnastik- oder Hula-Hoop-Reifen auf dem Boden. Die Kinder erhalten jeweils ein Tanzband, das sie mit einem Ende am Reifen festknoten. Das andere Ende nehmen sie in die Hand und stellen sich mit gleichmäßigem Abstand zueinander so um den Reifen, dass die Bänder gespannt sind.
Die Tanzleitung stellt sich in den Reifen, nimmt ihn hoch und dreht ihn, sobald die Musik einsetzt. Die Kinder gehen dazu – wie an einer Pferdelonge – im Kreis.

Der Musik angepasst ändert die Tanzleitung die Bewegungsmuster, indem sie

- den Reifen immer höher hebt
- den Reifen mal langsam, mal schneller dreht
- sich duckt
- die Richtung ändert ...

Je nach Tempo gehen, hüpfen, galoppieren ... die TänzerInnen.
Mit dem Musikende lassen alle ihr Band los und „verschwinden" hinter dem „Bändervorhang" im hoch gehaltenen Reifen.

Farbenfroher Bändertanz

Die Leichtigkeit von Bändern eignet sich hervorragend zur Aufführung einer Tanzgeschichte mit Spiralen, Schlangen, Blitzen und Kreisen sowie weiteren effektvollen Bewegungen ...

Alter: ab 6 Jahren
Material: 1 Tanzband je TänzerIn (verschiedene Farben)
Musik: klassische Musik, Schwedenpolka
Vorschlag: Och flickan hon går i dansen Nr. 5
Små grodonna (CD: Europa in 80 Tönen, siehe Anhang)

Die Kinder nehmen sich ein Tanzband und üben damit zur Musik verschiedene Figuren aus.

- Beim ersten Durchgang zu einer Musik mit gemäßigtem Rhythmus (evtl. klassische Musik)
- Beim zweiten Durchgang zu einer flotteren Musik (evtl. Schwedische Polka)

Mögliche Figuren:

Bänderschlangen
- Mit den Händen wellenartige Bewegungen machen: erst langsam, dann etwas schneller.
- Die TänzerInnen drehen sich um die eigene Achse und ziehen das Band wellenförmig hinter sich her. – Das Bänd schlängelt sich um die TänzerInnen herum.

Bänderblitze
Mit zackigen Bewegungen das Band rhythmisch auf und ab schwingen. – Das Band folgt der Bewegung im Zackenmuster.

Bänderspiralen
Mit schnellen, kreiselnden Bewegungen aus dem Armgelenk das Tanzband zu einer Tanzspirale formen.

Kanon und Tanz – Finnische Tanzspiele

Finnland oder Suomi, wie die Finnen sagen, ist das Land der tausend Seen und Wälder.
Die finnische Sprache bildet eine Besonderheit im europäischen Sprachraum: sie gehört mit dem Estnischen, dem Ungarischen, dem Samojedischen und einigen kleineren Sprachen zur seltenen finnisch-ugrischen Sprachgruppe. Das äußerst vokalreiche Finnisch klingt in unseren Ohren mit seinen zahlreichen i-, ö-, ä- und u-Lauten sehr lustig und die meisten Kinder haben großen Spaß daran, in dieser Sprache zu singen – zumal die Aussprache nicht ganz so schwer ist.
Alles wird so gesprochen, wie es geschrieben steht, bis auf den Buchstaben „h“, der vor einem Konsonanten wie „ch“ klingen sollte.

Tanzen wir den Lapadu

Nr. 8

Ein beliebtes finnisches Kindertanzlied für jüngere Kinder, das in zahlreichen europäischen Musikbüchern zu finden ist. Das Lied ist recht einfach gehalten und lässt sich auch leicht mit einer Anfänger-Blockflöten-Kindergruppe live begleiten. Die Tanzleitung schlägt mit dem Tamburin den Rhythmus. Die Flötenkinder spielen die Melodie und die Tanzkinder singen & tanzen den fröhlichen Lapadu ...

trad. Finnland
Bearbeitung: D. Ferber

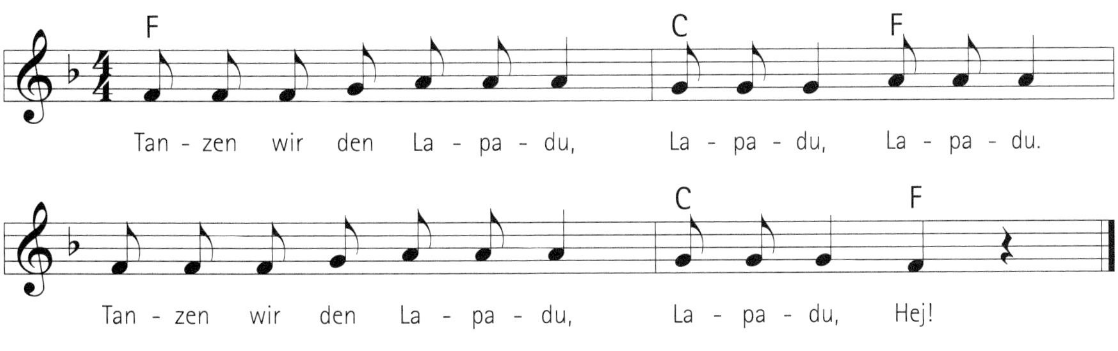

Jetzt tanzen wir den Lapadu

Alter: ab 5 Jahren
Musik: Tanzen wir den Lapadu Nr. 8

Die Kinder bilden einen Tanzkreis singen das Lied und tanzen den Lapadu so:

1. Runde: Im Uhrzeigersinn pro Takt (also 4-mal) seitlich mit dem linken Fuß einen Schritt nach links machen und den rechten Fuß nachziehen ...
2. Runde: wie oben, aber in doppelter Geschwindigkeit (also 8-mal) und gegen den Uhrzeigersinn.

Als Tanzspiel wird das Lied mehrmals wiederholt, die TänzerInnen erhalten jede Runde neue Anweisungen:

Tanzleitung: „Habt ihr schon mal den Lapadu getanzt?"
Gruppe brüllt: „Nein"
Tanzleitung: „Dann wird's aber Zeit!

Die Gruppe tanzt los. – Bei „Hej" ist Richtungswechsel.

Nach dem ersten Durchgang fragt die Tanzleitung erneut: „Habt ihr schon den Lapadu getanzt?"
Gruppe brüllt: „Ja!"
Tanzleitung: „Habt ihr schon mal den Lapadu getanzt und euch dabei an den Händen gefasst?"
Gruppe: „Nein!"
Tanzleitung: „Dann wird's aber Zeit!"

Die TänzerInnen fassen sich an den Händen und tanzen im Kreis ...

Die Tanzleitung fragt nach jedem Durchgang neu, wobei sie die vorherigen Fragen auch immer wiederholt.
„Habt ihr schon mal den Lapadu getanzt und ...?"

- ... seid dabei in die Knie gegangen? ...
- ... habt dabei an eure Knöchel gefasst? ...
- ... habt euch an die Nase (die Ohren ...) gefasst? usw.

Zum Schluss fragt die Tanzleitung: „Habt ihr schon mal den Lapadu getanzt und euch dabei an den Zeh gefasst?"
Gruppe: „Nein!
Tanzleitung: „Nun, dann könnt ihr euch ja alle hinsetzen!"

Minun kultani kaunis on – Finnisches Kanon-Tanzlied in vier Sprachen

Nr. 7

Minun kultani kaunis on
Mein Liebling ist schön
My darling is beautiful
Ma chérie est une beauté

Dieses Lieblingslied des Autors gibt es auch in einer Version der populären Gesangsartistin Björk. Auch die schneidet gerne Grimassen und schielt recht kunstvoll. – Der Text bringt alle zum Lachen und Kanonsingen macht eh ein Riesenvergnügen.
In Finnland und auch in Dänemark wird dieser Kanon häufig mit Kinderchören gesungen und dazu getanzt.
Mit seiner fröhlich hüpfenden Melodie lässt er sich im Rahmen eines multikulturellen Kinderfestes in verschiedenen europäischen Sprachen singen: in Englisch, Französisch, Deutsch und selbstverständlich auch Finnisch. – Und wer macht das hässlichste Schielgesicht?

trad. Finnland
Bearbeitung: D. Ferber

Minun kultani kaunis on, vaikk on kaita luinen
Minun kultani kaunis on, vaikk on kaita luinen
Hei, luulia illalla, vaikk on kaita luinen
Hei, luulia illalla, vaikk on kaita luinen

My darling is beautiful. Although she is slender
My darling is beautiful. Although she is slender
Hey, laa-la-la-lallaa-laa. Although she is slender
Hey, laa-la-la-lallaa-laa. Although she is slender

Ma chérie est belle, plus belle que toutes les autres
Elle a des tout petits yeux, qui louchent tous les deux
Hey, laa-la-la-lallaa-laa, qui louchent tous les deux
Hey, laa-la-la-lallaa-laa qui louchent tous les deux

Ja, mein Schatz ist wunderschön, hörte ich von vielen
Sieht sie mich auch nicht genau, dafür kann sie schielen
Hei Juulia illala, dafür kann sie schielen
Hei Juulia illala, dafür kann sie schielen

Fratzengrimassen-Tanz

Ein witziger Kreistanz, bei dem eine schielende Schönheit veralbert wird. Aber wer kann schon so schrecklich schöne Grimassen schneiden wie die freche Pippi Langstrumpf?

Alter: ab 6 Jahren
Musik: Minun kultani kaunis on Nr. 7

Die TänzerInnen stellen sich paarweise im Kreis auf:

- Sie hüpfen singend mit Galoppsprüngen Hand in Hand im Kreis.
- Bei Textzeile 3+4 („*Hei ...*") bleiben die Tanzpaare stehen und wenden sich einander zu. Mit schielenden Grimassen versuchen die TanzpartnerInnen sich gegenseitig zum Lachen zu bringen.
- Wieder an den Händen halten und in die entgegen gesetzte Richtung hüpfen ...

Sind die TänzerInnen erschöpft, setzen sich alle in einen Singkreis und singen das Lied im Kanon.

Italienische Kreistänze – Die Sprache ist Musik, der Tanz Ausdruck von Temperament und Lebensfreude

Musik und Tanz, jede Art von Kunst und kurzweilige Unterhaltung hatten von je her einen hohen Stellenwert in Italien, in dem die Sprache allein schon wie Musik klingt.
Kein Wunder, dass in Italien (fast) jeder ein Lied auf den Lippen hat und die Kinder mit viel Gesang und Tanzspielen aufwachsen.
Es beginnt mit wunderschönen Wiegenliedern, gefolgt von lustigen Fingerspielen und Kniereitern, dann kommt die Zeit der Ringelreime, der Kreis- Hüpf- und Tanzspiele und danach – wer weiß – vielleicht der Ballettunterricht als erster Schritt zur Primaballerina ...

Giro giro tondo – Dreht euch im Kreise

Ein klassischer Ringelreihn in Italien, der jedem Kindergartenkind bekannt ist. Ideal für die Allerkleinsten, die viel Spaß an diesem einfachen Tänzchen und an der melodischen italienischen Sprache haben.

Alter: ab 3 Jahren

Die Kinder tanzen, singen/sprechen den Text im typischen Sprechrhythmus und zeigen dabei, was der Text vorgibt:

Giro giro tondo	*im Kreis um sich selbst drehen*
Casca il mondo	*nach oben schauen*
Casca la terra	*Hände schützend über den Kopf halten*
Tutti giù per terra	*in die Hocke gehen*

Ringel, Ringelreihe
Wir drehen uns im Kreise
Und dann geh'n wir munter
In die Knie – runter!

Variante

Giro giro tondo	*im Kreis um sich selbst drehen*
venga con noi chi è contento del mondo!	*Hände fassen*
Chi ha brutti pensieri, a casa li lasci!	*Hände loslassen und in die Hocke gehen.*

Ringel! Ringel! Reih'n!
Wer fröhlich ist, der schlinge sich ein!
Wer Sorgen hat, der lass sie daheim!

La bella lavanderina – Tanzspiel

Alter: ab 3 Jahren
Musik: La bella lavanderina Nr. 3

Die TänzerInnen bilden einen Kreis, singen das Lied mit und tun dabei das, was das Lied ihnen vorgibt ...

La bella lavanderina, che lava i fazzoletti	*im Kreis tanzen*
E poi l'asciugatoio trin, trun, tran trin trun tran	
Fa un salto e fanne un altro	*2 Luftsprünge machen*
E poi la girivolta.	*sich einmal um sich selbst drehen*
Giro giro tondo giro tondo	*weiter im Kreis tanzen und zum Schluss*
Tutti giù.	*in die Hocke gehen*

La bella lavanderina – Die schöne Wäscherin Nr. 3

Ein traditionelles Lied aus der Zeit, als die Wäsche noch mit der Hand gewaschen wurde. Die hübsche Wäscherin zeigt typisch italienisches Temperament und Lebensfreude, indem sie aus lauter Übermut Luftsprünge macht und sich im Kreise dreht. – Und alle Kinder machen mit!

trad. Italien
Bearbeitung: D. Ferber

1. La bella lavanderina, che lava i fazzoletti
E poi l'asciugatoio trin, trun, tran trin trun tran
Fa un salto e fanne un altro e poi la girivolta.
Giro giro tondo giro tondo tutti giù.

2. E quando va a far la spesa la compra l'insalata
le belle ciliegine trin, trun, tran
Fa un salto e fanne un altro e poi la girivolta.
Giro giro tondo giro tondo tutti giù.

1. Es wäscht die schöne Wäscherin die kleinen Taschentücher
Und dann das große Handtuch trin, trun, tran, trin, trun tran
Und sie macht einen Sprung und noch einen Sprung
Und dreht sich um sich selbst herum
Alle drehen sich im Kreise, alle in die Hocke.

2. Und wenn sie auf den Markt geht, da kauft sie einen Salat
Und ganz schöne rote Kirschen trin, trun, tran
Und sie macht einen Sprung und noch einen Sprung
Und dreht sich um sich selbst herum
Alle drehen sich im Kreise, alle in die Hocke.

Allez, viens danser! – Das Menuett aus Frankreich

In Frankreichs alten Volkstänzen liegen die Wurzeln der Gesellschaftstänze, die eine ganze Zeit lang die gesamte europäische Tanzmode bestimmten. In der zweiten Hälfte des 17. Jahrhunderts entwickelte sich am Hofe Ludwigs des XIV. eine Tanzform, die heute als Barocktanz bezeichnet wird. Zu dieser Zeit blickte ganz Europa auf das Land, in dem der Sonnenkönig absolut über sein Volk herrschte. Architektur, Kleidung, feine Lebensart und neue Tänze, alles wurde eifrig kopiert. Frankreich war der modische Trendsetter Europas. Das Volk hatte allerdings wenig Anteil am Glanz seines berühmten Hofes.

Während seiner Regentschaft tanzte Ludwig zuerst den Branle, einen Kreistanz, dann die Courante, die der französische Gelehrte Marin Mersenne (1588-1648) als „hüpfendes hin und her" bezeichnete, und schließlich das Menuett. Das Menuett blieb bis nach der Französischen Revolution nicht nur der erste Modetanz Frankreichs, sondern ganz Europas.

Sur le pont d'Avignon

Nr. 4

Es gibt wohl kaum eine andere Stadt in Europa, die durch (nur) einen einzigen Vers so berühmt geworden ist.
Das wohl bekannteste französische Tanzlied handelt vom Pont St.-Bénézet in Avignon und machte diese Brücke international bekannt. In Frankreich gibt es wohl kein Kind, das sich nicht schon zu diesem Lied, mit dem auch gerne die „feinen Herrschaften" am ehemaligen französischen Königshof parodiert werden, im Kreis gedreht hat. Mit sehr übertrieben übervornehmem Knicks und tiefer höfischer Verbeugung verspotteten die TänzerInnen die pompösen Adelssitten.

trad. Frankreich
Bearbeitung: D. Ferber

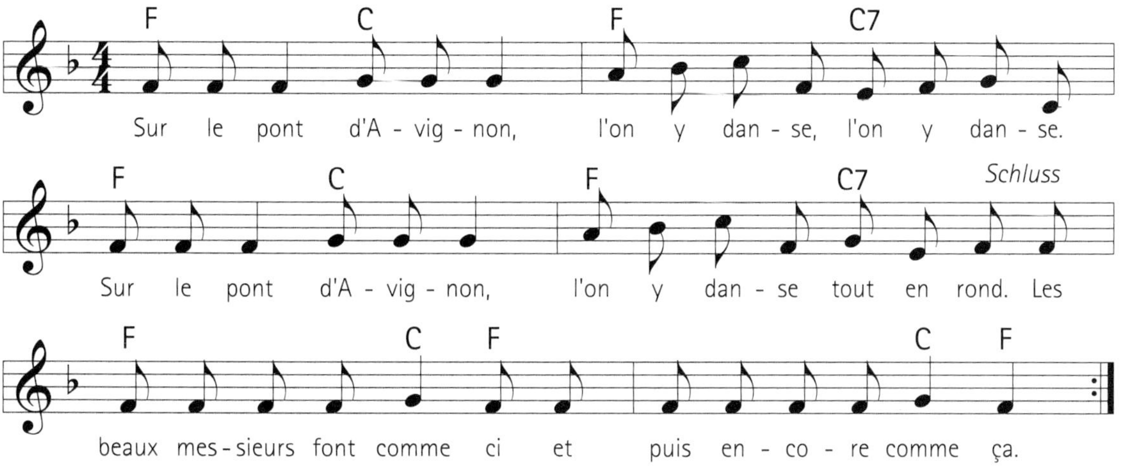

Sur le pont d'Avignon,
l'on y danse, l'on y danse
Sur le pont d'Avignon,
l'on y danse tout en rond

1. Les beaux messieurs font comme ci
Et puis encore comme ça

Sur le pont d'Avignon ...

2. Les belles dames font comme ci
Et puis encore comme ça

Sur le pont d'Avignon ...

3. Les petits bébés font comme ci
Et puis encore comme ça

Sur le pont d'Avignon ...

4. Les musiciens font comme ci
Et puis encore comme ça

Sur le pont d'Avignon ...

5. Les bons amis font comme ci
Et puis encore comme ça

Sur le pont d'Avignon ...

6. Les princesses font comme ci
et les princes comme ça

Sur le pont d'Avignon ...

Auf der Brück' nach Avignon.
Lasst uns tanzen, lasst uns tanzen.
Auf der Brück' nach Avignon.
Lasst uns tanzen rund herum.

1. Die Herren die verbeugen sich
Und dann gleich noch einmal

Auf der Brück' nach Avignon. ...

2. Die Damen machen einen Knicks
Und dann gleich noch einmal

Auf der Brück' nach Avignon. ...

3. Die Babys machen gaga
Und dann gleich noch einmal

Auf der Brück' nach Avignon. ...

4. Die Musik, die macht tut-tut
Und dann gleich noch einmal

Auf der Brück' nach Avignon. ...

5. Die Freunde reichen sich die Hand
Und dann gleich noch einmal

Auf der Brück' nach Avignon. ...

6. Prinzessinnen verbeugen sich
Die Prinzen, die verneigen sich

Auf der Brück' nach Avignon. ...

Sur le pont d'Avignon – Tanzspiel

Alter: ab 6 Jahren
Musik: Sur le pont d'Avignon ⊙ Nr. 4

Die Kinder bilden paarweise einen Tanzkreis.

- Zum Refrain, vor jeder Strophe, tanzen alle Paare im Kreis.
- Bei jeder Strophe geht ein anderes Paar in die Mitte, zeigt die entsprechende (übertriebene) Begrüßungsform und die anderen machen sie bei „et encore ..." nach.
- Zum Schluss singen alle „Les princesses font comme ci et les princes comme ça" und grüßen das Publikum.

Sur le pont d'Avignon ...	*sich im Kreis drehen*
Les beaux messieurs ...	*sich verbeugen (feine Herren)*
Les belles dames ...	*knicksen (feine Damen)*
Les petits bébés ...	*Arme heben wie Babys*
Les musiciens ...	*Instrument spielen (Musiker)*
Les bons amis ...	*Hände schütteln (gute Freunde)*
Les princesses ... et les princes...	*Publikum grüßen*

Farandole Tanz – ein Schlängelreigen

Die Farandole ist ein von einer TänzerIn angeführter Schlängelreigen mit Geh-, Lauf-, Hüpf- und Wechselschritten, die die Tanzleitung entsprechend der Musik und der Figuren vorgibt. Farandole-Tanzformen gibt es auf der ganzen Welt: der Kolo im Balkan, der baskische Arrecu, bretonische und irische Kreis- und Reihentänze, die norwegische Hora und der „Mittsommertanz" in Schweden sind nur einige Beispiele, bei denen „in Reihen geschlängelt" wird.

Alter: ab 4 Jahren
Musik: Sur le pont d'Avignon Nr. 4

Bei der Farandole tanzen die Kinder in einer oder mehreren Reihen. Die Tanzleitung (oder ein Kind) führt die Reihe an und gibt die Tanzfiguren vor.
Während eines Tanzes können die einzelnen Farandole-Figuren beliebig miteinander kombiniert werden – eine bestimmte Reihenfolge gibt es nicht.
Tipp: Wenn draußen Schnee liegt, haben die Kinder Gelegenheit, ihre Laufwege sogar sichtbar zu machen.

Farandole Lauf-Rad
Die Kinder bilden zwei Tanzkreise, einen Innen- und einen Außenkreis.
Sie halten sich an den Händen und laufen im Kreis zur Musik:

- der Innenkreis in Uhrzeigerrichtung
- der Außenkreis gegen den Uhrzeiger.

Auf ein Zeichen der Tanzleitung wechseln die Laufräder die Laufrichtung.

Farandole Tanzspirale
Alle TänzerInnen fassen sich zu Beginn an den Händen und bilden einen Kreis.
Ein Kind bleibt stehen und zieht die Kinder in der Kette so hinter sich her, dass sich die Reihe zu einer (nicht zu engen) Spirale dreht. Von der Mitte aus führt es die anderen entlang der Spirale wieder nach außen zur Ausgangsstellung.

Farandole Tanzbrücke
Das „Tanzbrücken-Spiel" ist eines der ältesten Singspiele und bis heute in vielen Variationen in aller Welt verbreitet. Es ist in vielen europäischen Spielformen überliefert.
Zwei Kinder bilden mit gefassten erhobenen Händen eine Tanzbrücke; die Kette der Tanzenden zieht singend darunter durch. Durch Absenken der Arme wird ein Kind gefangen.

Das Menuett – Tanz mit Knicks & Pomp

Zu seiner Zeit galt das Menuett als Beispiel vollendeter Tanzkunst, als „Königin der Tänze". Es wurde zunächst im 17. Jahrhundert am Hof Ludwigs XIV getanzt und blieb bis zum Beginn des 19. Jahrhunderts populär. Solange die Höfe ihre Tradition aufrecht erhielten, also ungefähr bis zur französischen Revolution, hielt sich das Menuett als Tanz. Es heißt, das Menuett sei aus dem Branle à mener de Poitou entstanden, bei dem sich die Tanzenden mit kleinen gleitenden Schritten (pas menus) auf S-förmigen Linien bewegten. Das Menuett, ein Tanz mit abgezirkelten Figuren, entspricht im Übrigen der Liebe des Barock zur Geometrie.
Mozart, der selbst ein begeisterter Tänzer war, komponierte eine Reihe von Menuetten und Kontratänzen. Einen Höhepunkt choreographischen Schaffens bildet das Wiener Hofballmenuett für drei Paare, das 1794 von Haydn komponiert und 1805 von E. Chr. Mädel für den Kaiserhof choreographiert wurde.

Menu pas – Kleiner Schritt

Das Menuett wird in mäßig schnellem Dreiertakt-Tempo getanzt („Tempo di Minuetto)". Dies erfordert kleine Schritte (pas menu) und die Ausführung sollte „légère" (leichtfüßig) sein.

Alter: ab 7 Jahren
Musik: Sur le pont d'Avignon Nr. 4
oder: klassisches Menuett (Joseph Haydn schrieb die meisten Menuette aller Zeiten! Er betitelte seine bewegteren Tanz-Menuette mitunter als „Scherzo")

Bei diesem Kindermenuett tanzen die Kinder paarweise mit möglichst grazil wirkenden (kleinen) Schritten im Kreis. Die Füße sind leicht auswärts gedreht, die Knie gestreckt, der Oberkörper aufrecht und die Schultern leicht zurückgenommen. Der Kopf ist frei erhoben. Sind die TänzerInnen schon etwas geübt, lassen sich verschiedene, anmutige Schrittbewegungen miteinander kombinieren.

Hier die wichtigsten Menuett-Schritte zum Ausprobieren & Kombinieren:

Simple
Mit dem einen Fuß einen Schritt machen und mit dem anderen Fuß aufschließen. Die Füße stehen wieder nebeneinander ...

Double
Einfach zwei Simples hintereinander:
Schritt - anschließen - noch ein Schritt - wieder schließen ...

Hinweis: Der Simple und der Double lassen sich sowohl mit dem linken als auch dem rechten Fuß tanzen, sowohl nach links und rechts als auch nach vorne oder hinten.

Reference
Begrüßung der PartnerIn oder der Mittanzenden. **„Monsieur"** führt seinen rechten Fuß hinter den linken, indem er einen Halbkreis beschreibt, bewegt diesen dann wieder vor und macht eine Verbeugung.
„Madame" führt den rechten Fuß im Halbkreis nach hinten, setzt die Fußspitze auf und macht einen Knicks mit geradem Oberkörper und Blick nach oben.
In der Regel beginnt und endet jeder Tanz mit einer Reference.

Relevée
Auf die Zehenspitzen stellen und Fuß danach wieder absenken.

Pied en l'air
Einen Fuß mit gestrecktem Spann in der Luft nach vorne strecken.
Meist wird ein Sprung „pied en l'air" getanzt, d. h. auf den einen Fuß springen und den anderen dabei nach vorne strecken.

Menuett classique
In jedem Satz drei Gehschritte machen, beim vierten Schritt den Fuß strecken und nur mit der Zehenspitze aufsetzen. Den nächsten Satz mit diesem Fuß wieder beginnen ...
Die Arme zur Seite ausstrecken.

Pied croisé à droite
Fußkreuzschritt rechts:

- Den linken Fuß seitwärts nach links setzen.
- Den rechten Fuß vorn, am linken Bein vorbei, kreuzen – „Monsieur" in Schienbeinhöhe, „Madame" knapp über dem linken Fuß.

Double Pied croisé à droite
Doppelter Fußkreuzschritt rechts:

- Den linken Fuß seitwärts nach links setzen.
- Den rechten Fuß heransetzen.
- Den linken Fuß nach links setzen.
- Den rechten Fuß vorn am linken Bein vorbei kreuzen. (s. o.)

Pied droit en l'air
Schwebender Fuß rechts:

- Sprung auf den linken Fuß,
- gleichzeitig das rechte Bein gestreckt leicht nach vorn anheben, so dass die Fußspitze knapp über dem Boden schwebt.

Capriole
Der Große Sprung:
Mit dem linken Fuß abspringen.
Dabei stößt
- der linke Fuß nach vorn,
- der rechte gleichzeitig nach hinten.

Beide Füße kommen zugleich in der parallelen Fußstellung „Pieds joints" auf.

Menuett, en quatre, en six, en huit, en dix, en douze ...

Alter: ab 6 Jahren
Material: Raum mit glattem Boden, evtl. passende Kleidung
Musik: Sur le pont d'Avignon Nr. 4
oder: klassisches Menuett (Joseph Haydn schrieb die meisten Menuette aller Zeiten!)

Vorschlag für den Tanz zu „Sur le pont d'Avignon"
Die Kinder tanzen paarweise.

- Am Anfang (Ouvertüre) schreiten die Tanzpaare gemeinsam auf die Tanzfläche.
- Sind alle Paare auf der Tanzfläche begrüßen sie sich (Reference) gegenseitig.
- Zum Refrain bilden die Tanzpaare eine Gasse (Brücke). Ein Paar nach dem anderen schreitet durch die Gasse (über die Brücke).
- Zu den Strophen schließen die TänzerInnen den Kreis. Ein Tanzpaar geht in die Mitte, zeigt die passende Begrüßungsform und die TänzerInnen im Kreis erwidern den Gruß entsprechend.

Mit der im Folgenden beschriebenen Choreographie (und den unter „Menu pas" gezeigten Schrittfolgen) lassen sich zahlreiche Menuettstücke tänzerisch gestalten.

1. Ouvertüre – Tour de main

Die TänzerInnen reichen einander die rechte bzw. linke Hand und schreiten in einer Reihe paarweise hintereinander auf die Tanzfläche. Die kleinen Schritte, das ständige, gleitende auf und ab der TänzerInnen im Takt macht den Charakter des Menuettschritts aus.
Das Menuett-Schreiten mit Kindern erfolgt, indem der rechte Fuß vorgesetzt, der linke nachgestellt, der rechte wieder vorgesetzt ... wird.
Geübte TänzerInnen können die Menuett-Gehbewegungen beliebig variieren. (s. Menu pas, S. 114)

2. Menuett-Reverenz – Begrüßung

So genannte Tanzreverenzen wurden in der Barockzeit vor jedem Tanz ausgeführt. Die erste Reverenz galt dem König (Handkuss), die zweite dem Publikum (Hut-Abziehen) und die dritte dem Tanzpartner (Handreichen).
Die Kinder stehen sich paarweise in zwei Reihen gegenüber und begrüßen sich mit grazilen Gesten: Verbeugung, Handkuss, Hutabziehen, Kratzfuß, Handreichen, Zuwinken, Knicks ...

3. Menuett-Spalier-Gassenlauf

- Die TänzerInnen stehen sich paarweise gegenüber und bilden eine so breite Gasse, dass zwei Kinder bequem durchgehen können.
- Von einer Seite der Gasse her schreitet ein Paar nach dem anderen mit Menuett-Schrittchen durch das Spalier. Handhaltung huldvoll. Die Kinder, an denen das Paar vorbeiläuft, grüßen mit Knicks und Kratzfuß.
- Am Ende der Gasse trennen sich die Paare wieder und stellen sich an dessen Ende wieder jeweils in ihre Reihe.

4. Menuett-Kreis

Die Tanzpaare bilden einen Kreis. Ein Paar wird in die Mitte gebeten und zeigt eine galante Begrüßungsgeste. Die Kinder im Kreis imitieren diese Geste – das Paar geht zurück in den Tanzkreis ...

Sing along a children song

Reim- und Bewegungsspiele in englischer Sprache

Dance little baby, dance up high
Never mind, baby, Mother is by.
Crow and caper, caper and crow.
There little baby, there you go.
Up to the ceiling, down to the ground.
Backwards and forwards, round and round.
Dance little baby and Mother will sing
With the merry coal, ding, ding, ding!

Großbritannien ist berühmt für seine Vielzahl an Kinderliedern und Reimen. „Nursery und Knickknack rhymes" bilden feste Programmpunkte in den Kindergärten und sorgen mit ihrem typischen Humor für Heiterkeit. Diese englischen Reime sind wie geschaffen, Kinder mit dem Sprachrhythmus der Weltsprache Nr. 1 vertraut zu machen. Durch das Kennenlernen englischer Lieder, Tänze, Spiele, Geschichten und Informationen entwickeln Kinder ihre interkulturelle Kompetenz. Je früher, desto besser.

Englischsprachige nursery & knickknack rhymes werden bei Kinderaufführungen gerne im Chor rhythmisch aufgesprochen oder auch gesungen. Bei einem „singalong" besteht der Chor aus den Besuchern der jeweiligen Veranstaltung. Und diese singen mit Begeisterung! Nicht nur Zuhören, sondern mitten drin sein im musikalischen Geschehen, das ist Sinn und Zweck eines „singalong"! Zu populären Liedmelodien gibt es oft mehrere Textvariationen.

Here we go round the mulberry bush

Nr. 2

Unterm Maulbeerbusch ist mächtig was los. Da werden Hände gewaschen, Zähne geputzt und die Kinder zeigen den Gentleman-walk. Wie? Das macht keinen Sinn? Auf jeden Fall macht es allen Beteiligten riesigen Spaß.

trad. England
Bearbeitung: D. Ferber

1. Here we go round the mulberry bush, the mulberry bush, the mulberry bush
   Here we go round the mulberry bush, on a cold and frosty morning.
   This is the way we wash our hands, we wash our hands, we wash our hands.
   This is the way we wash our hands, on a cold and frosty morning.

2. ... This is the way we dry our hands ...
3. ... This is the way we clap our hands ...
4. ... This is the way be brush our teeth ...
5. ... This is the way we comb our hair ...
6. ... This is the way the ladies walk ...
7. ... This is the way the gentlemen walk ...

1. So tanzen wir um den Hollerbusch, den Hollerbusch, den Hollerbusch
   So tanzen wir um den Hollerbusch an einem kühlen Morgen
   Schaut her, so waschen wir unsere Hände, unsere Hände, unsere Hände
   Schaut her, so waschen wir unsere Hände an einem kühlen Morgen.

2. ... Schaut her, so trocknen wir unsere Hände ...
3. ... Schaut her, so klatschen wir in die Hände ...
4. ... Schaut her, so putzen wir unsre Zähne ...
5. ... Schaut her, so kämmen wir uns das Haar ...
6. ... Schaut her, wir gehen wie die Damen gehen ...
7. ... Schaut her, so gehen wir wie ein Herr ...

„mulberry bush" ist der bei uns wenig bekannte Maulbeerbaum (Seidenraupenzucht ...), der Holunder (Holler- oder Holderbusch) wächst bei uns überall.

Variante: Durch Textvariation lernen die Kinder englische Wörter kennen. Statt um den Maulbeerbusch gehen die Kinder nun um einen apple tree (Apfelbaum).

We go around the apple tree

Here we go round the apple tree, the apple tree, the apple tree
Here we go round the apple tree so early in the morning
This is the way we plant the seeds
This is the way the little seed sprouts
This is the way it grows to a tree
This is the way the apples grow
This is the way the apples are picked

See the Easter Bunny

(passt zur Liedmelodie und als Ostertanzlied im Kindergarten!)

See how the bunny hops along, hops along, hops along.
See how the bunny hops along, on an Easter morning
This is the way he wiggles his nose, wiggles his nose, wiggles his nose
This is the way he wiggles his nose on an Easter morning.
This is the way he flops his ears ...
See how he jiggles his cotton tail, cotton tail ...

We go round the mulberry bush – Tanzspiel

Alter: ab 4 Jahren
Musik: Here we go round the mulberry bush Nr. 2

Die Kinder bilden einen Tanzkreis und führen beim Tanz die den Strophen entsprechenden Bewegungen aus.

Zeile 1 + 2: singend im Takt der Musik herumgehen
Zeile 3 + 4: singend im Takt der Musik herumgehen und dabei die entsprechenden Bewegungen machen und ruhig auch witzig übertreiben:
1. Hände waschen, 2. Hände trocknen 3. in die Hände klatschen, 4. Zähne putzen, 5. Haare kämmen, 6. wie eine feine Dame spazieren, 7. wie ein feiner Herr spazieren

Sascha und Nadja tanzen den Kasatschok

Der Kasatschok ist ein aus der ukrainischen Folklore entlehnter russischer Volkstanz, dessen Name nichts anderes bedeutet als Kosakentanz.
Typisch sind die kleinen Fuß-Tritte, die vor der Brust gekreuzten Arme, das Sich-Rücken-an-Rücken-Einhängen und vor allem die „Prisjadka", das Beinwerfen aus der Hocke heraus. Tiefschritte mit Schlägen an die Stiefelschafte gehören ebenfalls unbedingt dazu.

Kinderakrobatik: Starker Sascha

Zirkeltraining mit Übungen wie Purzelbäume und Brücken schlagen, Ringe und Bälle jonglieren, am Trapez turnen, menschliche Pyramide bauen, etc. sind ergänzende Bewegungsspielangebote zum Lied des starken Sascha und zum Kasatschok. Die akrobatische Pyramide bildet bei der Tanzvorführung (s. S. 121) den krönenden Abschluss. Applaus garantiert.

Alter: ab 6 Jahren (Es gibt aber auch Bewegungstalente, die mit 4 Jahren bereits wahre Kunststücke aufführen können und wollen.)

- Die drei Stärksten aus der Gruppe gehen nebeneinander in Krabbelstellung und bilden die erste Ebene.
  Wichtig: Sie müssen ihr Gewicht ganz gleichmäßig auf Arme und Knie verteilen.
- Die nächsten zwei klettern vorsichtig auf die Rücken und gehen „über den Lücken" in Krabbelstellung.
  Wichtig: Die beiden stützen sich gleichmäßig mit einer Körperhälfte (d. h. mit einem Bein und einer Hand) auf das mittlere, mit der anderen auf das rechte bzw. linke Kind. Nur so ist die Pyramide stabil genug, um ein weiteres Kind an die Spitze klettern zu lassen:.
- Das leichteste Kind der Gruppe macht sich an den Aufstieg und kniet sich auf die Rücken der Kinder der 2. Ebene.

Hinweis: Bei einer größeren Gruppe, können natürlich auch mehrere Pyramiden den krönenden Abschluss bilden.

Sascha liebt nicht große Worte – Nja nja nja

Nr. 9

trad. Russland

1. Sascha liebt nicht große Worte
   Denn er war von eigner Sorte
   Konnte hoch im Bogen spucken
   Und auch mit den Ohren zucken
   |: Nja nja nja, nja nja nja
   Nja nja nja nja. Nja nja nja. :|

2. Saschas Vater war ein Pferdehändler
   Der auch reiten lehrte
   In der Stunde zehn Kopeken
   Sascha musste Pferde pflegen
   |: Nja nja nja, nja nja nja, ...

3. Sascha riss sie roh am Zügel
   Denn er liebte nur Geflügel
   Pferde konnte er nicht leiden
   Haute sie auf beide Seiten
   |: Nja nja nja, nja nja nja, ...

4. Doch die kleinen Pferde bissen
   Saschas Kleider und zerrissen
   Seine Hosen und begannen
   Dieses kleine Lied und sangen
   |: Nja nja nja, nja nja nja, ...

Kasatschok

Zum temperamentvollen russischen Lied vom starken Sascha spornen sich die TänzerInnen durch rhythmisches Klatschen zu wilden Kosakentanzfiguren gegenseitig an. Das Lied steigert sich in Tempo und Lautstärke von langsam bis zu ausgelassen.

Alter: ab 6 Jahren
Musik: Sascha liebt nicht große Worte Nr. 9
Kalinka (typisches Kosakentanzlied zum Kasatschok tanzen)

Die Kasatschok-TänzerInnen stehen sich in zwei Reihen gegenüber und schauen sich dabei an. Sie tanzen gemeinsam den „Kasatschok-Hopser" und/oder den „Kasatschok-Kreisel". Zwischendurch gehen besonders sportliche TänzerInnen in die Mitte und führen die „Kasatschok-Hocke" vor, angefeuert vom rhythmischen Klatschen der Umstehenden ...

Kasatschok Hopser

- Beide Arme über Kreuz vor der Brust (Armkreuz) verschränken oder beide Arme in die Hüften (Hüftstütz) stemmen.
- Im Wechsel den rechten Fuß und linken Fuß nach vorne kicken. Dabei mit dem ganzen Körper mitfedern. – Die Beine tänzeln sozusagen auf den Fußzehen.

Kasatschok Kreisel

Die Reihen tanzen gegenläufig im Kreis herum.
- Arme in die Hüfte stützen und mit Wechselschrittchen im Kreis laufen.
- Nach 8 Takten Richtung wechseln.
- Beim Richtungswechsel laut „Druschba" (Freundschaft) rufen und in die Hände klatschen.

Kasatschok Hocke (für besonders Sportliche)

1. In aufrechter Haltung stehen und die Arme waagrecht über der Brust kreuzen:

- mit geschlossenen Beinen in die Hocke gehen
- rechtes Bein nach außen setzen
- und wieder in die geschlossene Hocke zurücksetzen.

2. In aufrechte Haltung hüpfen – die Arme weiter über der Brust kreuzen:

- mit geschlossenen Beinen in die Hocke gehen,
- linkes Bein nach außen setzen
- und wieder in die geschlossene Hocke gehen.

3. In aufrechte Haltung hüpfen und die Arme in die Hüfte stützen und immer im Wechsel:

- mit geschlossenen Beinen in die Hocke gehen
- rechtes Bein nach außen setzen
- mit geschlossenen Beinen in die Hocke gehen
- linkes Bein nach außen setzen ...

Da das Tempo der Musik immer schneller wird, ist die schnelle Ausführung der Kasatschok-Hocke eine echte Herausforderung an die Kondition!
Ist die „Puste aus", geht's gemeinsam weiter mit Hopsern oder im Kreis, bis sich wieder jemand in der Mitte in die Hocke traut!

Çocuk bayrami – Fest zu Ehren der Kinder

In der Türkei wird jedes Jahr am 23. April ein Fest zu Ehren der Kinder gefeiert: Çocuk bayrami. Am 23. 04. 1920 hatte der Gründer der Türkischen Republik, Mustafa Kemal Atatürk (Vater der Türken) zum ersten Mal die Nationalversammlung einberufen. Er widmete diesen bedeutenden Nationalfeiertag den Kindern als Zukunftsträger der Nation. Kinderspiele und das folgende Lied gehören mit zu diesem Fest.

Oynaya, oynaya – Friedenstanzlied

Nr. 11

trad. Türkei
Bearbeitung: D. Ferber

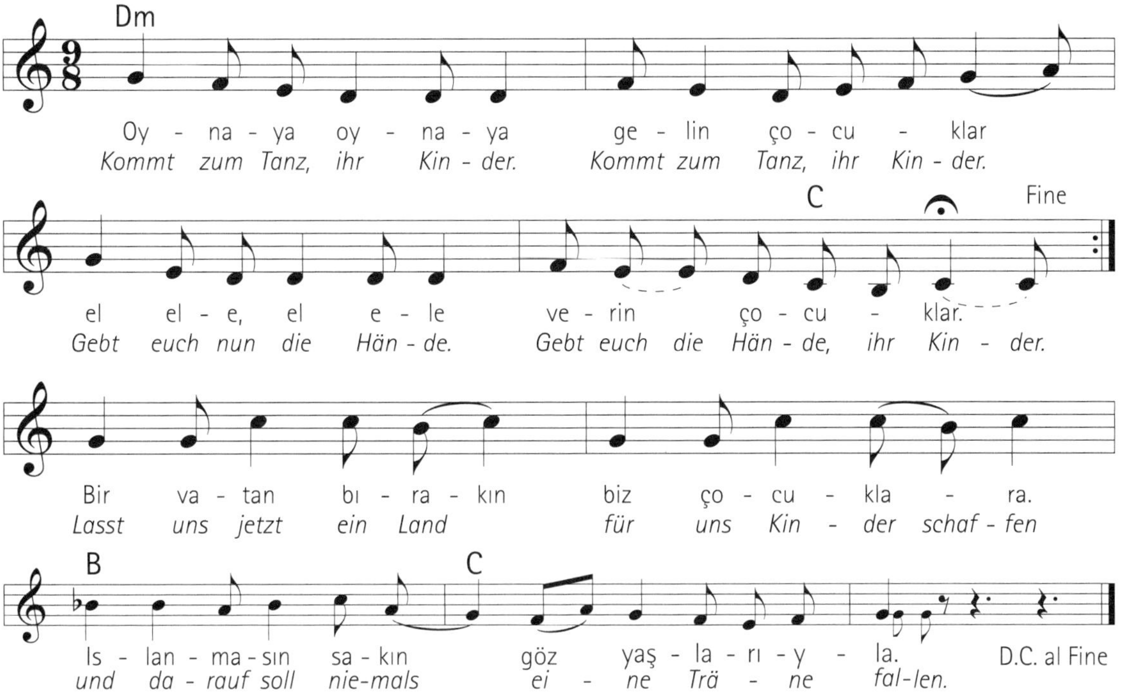

Oynaya oynaya
Gelin çocuklar
El ele, el ele
Verin çocuklar
Bir vatan bırakın biz çocuklara
Islanmasın sakın göz yaşlarıyla
Oynaya oynaya gelin çocuklar

Kommt zum Tanz, ihr Kinder
Kommt zum Tanz, ihr Kinder
Gebt euch nun die Hände
Gebt euch die Hände ihr Kinder
Lasst uns jetzt ein Land für uns Kinder schaffen
Und darauf soll niemals eine Träne fallen
Kommt zum Tanz, ihr Kinder

Yasasin baris – Friedenstanz

Ein Kreistanz der in zwei Durchgängen getanzt wird. Zuerst singen die Kinder in türkischer, beim zweiten Durchgang in deutscher Sprache.

Alter: ab 5 Jahren
Musik: Oynaya, oynaya – Friedenstanzlied Nr. 11

Die Kinder stellen sich in einen Tanzkreis:

Oynaya oynaya gelin çocuklar (Kommt zum Tanz ihr Kinder ...)

El ele, el ele verin çocuklara (Gebt euch nun die Hände ...)

Die Kinder laufen im Kreis und winken einladend nach außen.
Am Ende bleiben sie stehen und geben sich die Hände.

Bir vatan bırakın biz çocuklara (Lasst uns jetzt ein Land für uns Kinder schaffen)
Islanmasın sakın göz yaşlarıyla (Und darauf soll niemals eine Träne fallen)
Hand in Hand im Kreis laufen.
Zum Schluss die Hände loslassen, stehen bleiben und die Arme in die Höhe strecken.

Oynaya oynaya gelin çocuklar (Kommt zum Tanz ihr Kinder ...)
Jetzt laufen die TänzerInnen in die andere Richtung und winken einladend nach außen.

Cayda Cira – Kerzentanz

Der Kerzentanz ist in seiner Originalform ein sehr schöner, festlicher Volkstanz aus Ostanatolien, der dort häufig zu Festen gezeigt wird. Dieser Tanz eignet sich für Lichterfeste aller Art, bei denen Vorführungen generell vor dunklem Hintergrund am wirkungsvollsten erscheinen.

Alter: ab 5 Jahren
Material: 2 Schalen mit brennender Kerze je TänzerIn
Musik: Oynaya, oynaya Nr. 11

Der Grundrhythmus der Musik bestimmt auch den Rhythmus der wiegenden Schritte.
Kleinere Kinder üben Schritt für Schritt.

- In einer Reihe hintereinander aufstellen und wiegenden Schritt üben: dabei leicht mit den Knien mitfedern.
- Sobald das klappt, zwei Kerzenschalen aufnehmen und mit wiegendem Schritt auf den Handtellern herumtragen.
- Die Arme nach dem Grundrhythmus parallel nach rechts und links schwingen.

Dieser Schritt- und Schwingrhythmus bleibt ständig gleich.

Alpenländische Tanzgaudi

Hollereiduliö, ja wir sind heut im Gebirge
Hollereiduliö, geh schaut's her, wo mir heut san

Alpenländische Tänze gibt es in großer Vielfalt, sei es in Bayern, in Österreich, in Liechtenstein, in Südtirol oder auch in der Schweiz. Da wird gejodelt, geklatscht, gepatscht, gehupft und gedreht, dass es eine Freude ist. Da das Leben in der Welt der Berge früher nicht eben leicht war, wurde jedes Fest genutzt, um ausgiebig und ausgelassen zu feiern. Dazu gehörten immer auch typische Spiel- und Scherztänze, die nicht nur den Kindern Spaß gemacht haben.

Den hat scho mei Vater tanzt

Nr. 39

Dieses muntere Tanzlied aus Tirol hat schon der „Vater mit der Muatter" getanzt. Eine Volksweise aus Österreich im 3/4 Takt zu der sich viele alpenländische Tänze aufführen lassen.

trad. Österreich (Tirol)
Bearbeitung: D. Ferber

Spielleut macht's den auf
Des is a guater
Den hat mein Vater tanzt mit meiner Muatter
Den hat mein Vater tanzt mit meiner Muatter

Spielleut machts den auf
Mein Dirndl zum Gfalln
Tuats d Notn nit sparn und i will ja gern zahln
Tuats d Notn nit sparn und i will ja gern zahln

Kumma dra di umma

Alter: ab 5 Jahren
Musik: Den hat scho mei Vater tanzt Nr. 39

Die TänzerInnen tanzen paarweise im Kreis.
Auf ein Zeichen der Tanzleitung gehen die Paare in „Wirbelfassung" nebeneinander und drehen sich zusammen mit ihren TanzpartnerInnen einmal (mehrmals) um sich selbst.
Nach erneutem Zeichen der Tanzleitung tanzen wieder alle im Kreis ...

Wirbelfassung
Die TänzerInnen stehen entgegengesetzt nebeneinander und fassen ihre Hände in Brusthöhe.

Drehung rechts: Rechte Schulter an rechter Schulter.
Die rechten Arme sind gestreckt, die linken spitz angewinkelt.

Drehung links: Linke Schulter an linker Schulter.
Die linken Arme sind gestreckt, die rechten angewinkelt.

Hansl – oha

Grundlage unseres heiteren Tanzspiels ist ein Volkstanz aus dem Wienerwald. Dabei handelt es sich um einen so genannten Stillstandtanz, den es in Deutschland und Österreich in verschiedenen Formen gibt. Der Spaß liegt in der Herbeiführung komischer Figuren.

Alter: ab 5 Jahren
Musik: Den hat scho mei Vater tanzt Nr. 39

Die TänzerInnen bilden Paare. Sie tanzen rundherum im Kreis und verbeugen sich dabei immer wieder voreinander.
Mit dem Ruf „Hansl oha!!!!" unterbricht die Tanzleitung die Musik:
Sofort bleiben alle wie eingefroren stehen – nur nicht lachen! – und zwar so lange, bis die Musik wieder einsetzt ...

Der „gezwickte" Gänsetanz

Dass die Tiroler lustig sind, ist hinreichend bekannt. Aber auch den übrigen ÖsterreicherInnen fehlt es keinesfalls an Humor: In Österreichs Volkstänzen finden sich wirklich erstaunlich viele scherzhafte Tanzspiele. Eins davon ist der Gänsetanz aus der Steiermark, der bei Hochzeiten für Vergnügen sorgte.
Bei unserem Tanzspiel verzichten wir auf die traditionell übliche Verteilung von Männer- und Frauen-Rollen.

Alter: ab 5 Jahren
Musik: Den hat scho mei Vater tanzt Nr. 39

Die Kinder bilden zwei Gruppen. In der zweiten Gruppe muss ein Kind mehr als in der ersten sein.
Gruppe 1 stellt sich im Kreis auf. Die TänzerInnen fassen sich an den Händen und halten die Arme so hoch, dass jemand in gebückter Haltung durchschlüpfen kann.
Gruppe 2 bildet – sich gegenseitig am Rockzipfel haltend – eine Reihe.

- Setzt die Musik ein, windet sich die Gruppe, angeführt vom Gänserich, in Schlangenlinien durch die „Tore" des Kreises.
- Sobald die Musik endet, sucht sich jede Gans aus Gruppe 2 rasch ein Kind aus Gruppe 1, fasst es an der Hand und dreht sich mit ihm schnell im Kreis.

Ein Kind, die „gezwickte Gans", bleibt übrig. Es wechselt die Gruppe und führt in der nächsten Runde die vorherige „Kreis-Gruppe" als Gänserich an. Die übrigen Kinder bilden diesmal den Kreis ...

Deutsche Volkslieder zum Mitsingen und Tanzen

Komm mit, o Schöne, komm mit mir zum Tanze!
Tanzen gehöret zum festlichen Tag.
Bist du mein Schatz nicht, so kannst du es werden,
Wirst du es nimmer, so tanzen wir doch.

(Johann Wolfgang von Goethe, 1749-1832)

Die Tradition deutscher Volkslieder, zu denen Kindertänze aufgeführt werden, reicht recht weit zurück. Zu Beginn des 19. Jahrhunderts sammelten zwei junge Dichter „alte" deutsche Gedichte und Lieder. Die Sammlung „Des Knaben Wunderhorn" (1806-1808) von Achim von Arnim und Clemens Brentano regte sogar Goethe an, sich ausführlicher mit der Volkspoesie zu beschäftigen. Das nachfolgende Lied mit dem Titel „Widele, wedele" stammt aus der oben genannten Sammlung, in der sich ein ganzer Band ausschließlich Kinderliedern widmet.

Widele, wedele

Nr. 40

Ein schwäbisches Kinderlied aus der Sammlung „Des Knaben Wunderhorn" bei dem nicht die Laus, sondern das Läusele tanzt, das Zicklein hüpft und die Fliege, das „Fliegele" surrt. Die beschwingte Melodie dieses tierischen Tanzvergnügens lässt alle Kinder fröhlich im Kreise „wedelen". Schwäbisch ist nämlich gar nicht so schwer: die Maus ist ein Mäusele, der Igel ein Igele, und alle Tiere heißen demnach Tierle!

trad. Schwäbisches Volkslied
Bearbeitung: D. Ferber

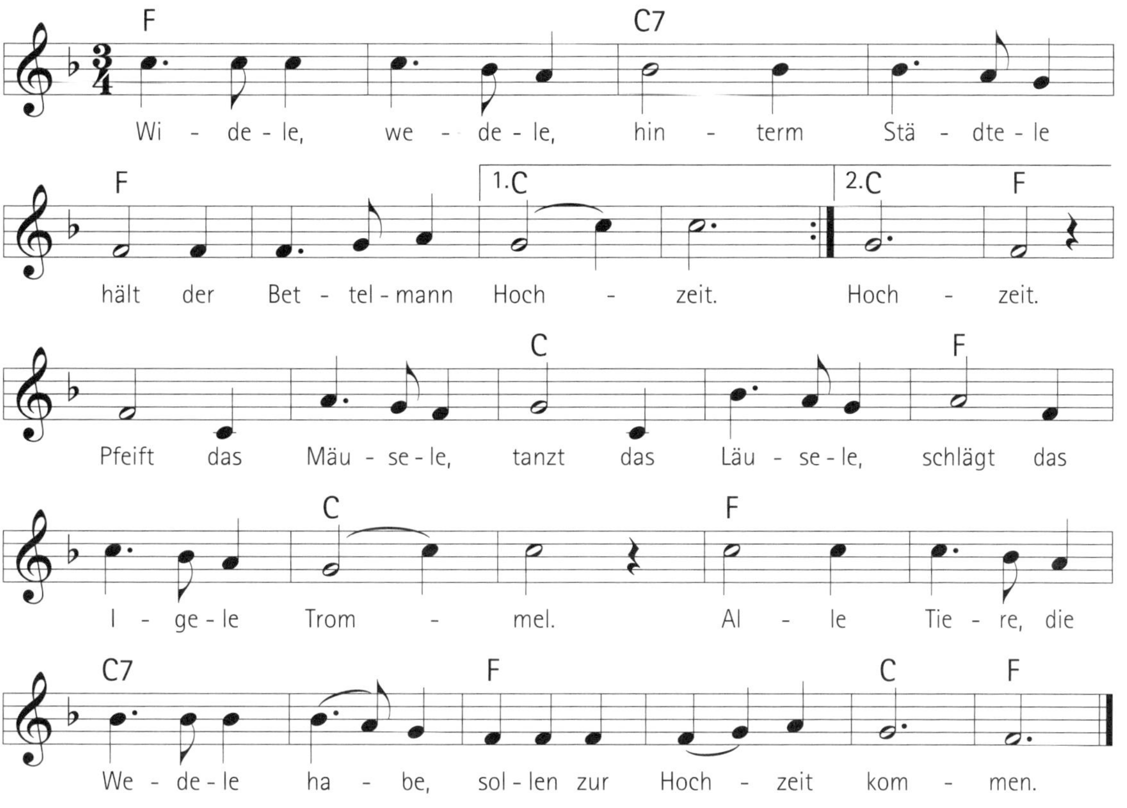

Refrain: Widele, wedele, hinterm Städtele
Hält der Bettelmann Hochzeit
Widele, wedele, hinterm Städtele
Hält der Bettelmann Hochzeit

1. Pfeift das Mäusele, tanzt das Läusele
Schlägt das Igele Trommel
Alle Tierle, die Wedele habe
Sollen zur Hochzeit kommen.

Widele, wedele ...

2. Bellt das Hündele, miaut das Kätzele
Und das Schweinele grunzet
Alle die Tiere mit hellen Stimmen
Sollen als Sänger kommen

Widele, wedele ...

3. Hüpft das Zickele, hopst das Hasele
Und das Füllen springet
Alle die Tiere mit langen Beinen
Sollen als Tänzer kommen

Widele, wedele ...

4. Surrt das Fliegele, summt das Bienele
Und die Hummel brummet.
Alle die lustigen Musikanten
Sollen zur Hochzeit kommen

Widele, wedele ...

5. Wind mar a Kränzele, tun wir a Tänzele
Lassen die Geigen klingen
Widele, wedele, hinterm Städtele
Hält der Bettelmann Hochzeit

Schlingen wir fröhlich und drehn uns im Kreis – Gehen & Fassen & Drehen

Zum „Widele, wedele" lässt es sich mit standardisierten Schritten kinderleicht Hand in Hand gemeinsam im Kreise drehen.

Alter: ab 5 Jahren
Musik: beliebiges deutsches Tanzlied
Widele, wedele Nr. 40

Die Kinder tanzen zu zweit Hand in Hand. Die Tanzpaare drehen sich im immer im Kreis.
Jüngere Kinder führen die Tänze mit einfachen Gehschritten aus.
Je nach Engagement der Tanzgruppe lassen sich die Tanzschritte und die Handfassungen aber auch schön variieren. – Einfach mal ausprobieren!

Tanzschritte

Gehschritt: Einen Fuß vor den anderen setzen, dabei das Körpergewicht regelmäßig von einem Bein auf das andere übertragen.
Laufschritt: Federndes Laufen auf den Fußballen vor- oder rückwärts.
Nachstellschritt: Mit dem einem Fuß einen Schritt vor (oder zurück) gehen, den anderen zur Grundstellung nachstellen ...
Wiegeschritt: Nachstellschritt seitwärts, nacheinander links und rechts, mit leichtem Fersenheben und -senken.
Galoppschritt: Fortlaufender, rascher seitlicher Nachstellschritt mit leichtem, federnden Absprung, d. h. das nachsetzende Bein wird während des Sprunges herangezogen.

Während eines Tanzes lassen sich verschiedene Schrittfolgen miteinander kombinieren.

Handfassungen

Arm in Arm:

Tänzer links, Tänzerin rechts, die Arme eingehakt: d. h. die Tänzerin legt ihre Linke in die rechte Ellbogenbeuge des Tänzers.

Einhandfassungen: Tänzer links, Tänzerin rechts.

- **Führungsfassung:** Der Tänzer hält mit der rechten Hand die linke der Tänzerin in Brusthöhe, die Handfläche des Tänzers zeigt nach oben.
  Die Tänzerin legt ihre linke Handfläche leicht auf die Hand des Tänzers – ohne Gewicht und ohne krampfhafte Fassung.
- **Offene Fassung:** (Hand in Hand)
  Die Rechte des Tänzers fasst die Linke der Tänzerin; die gefassten Hände locker herab hängen lassen.

Kreuzfassung:

Die TänzerInnen stehen sich gegenüber. Beide Hände des anderen (entweder hängend oder in Brusthöhe) rechts über links gekreuzt fassen. Durch Auseinanderdrehen lässt sich diese Fassung auch bei gemeinsamem Blick in eine Richtung anwenden.

Rückenkreuzfassung:

Wie Kreuzfassung, aber hinter dem Rücken der TänzerInnen.

Schulterfassung:

Tänzer rechts, Tänzerin links.

- Der Tänzer legt die linke Hand (außen) auf die linke Schulter der Tänzerin.
- Die Tänzerin legt ihre rechte Hand (innen) auf die rechte Schulter des Tänzers.

Tanzreihe/Tanzkreis: Tänzer und Tänzerinnen im Wechsel.

- Die Tänzer legen ihre Hände außen auf die Schultern der Tänzerinnen.
- Die Tänzerinnen legen ihre Hände innen auf die Schultern der Tänzer.

Schulterringfassung:

Tänzer und Tänzerin stehen sich gegenüber. Sie legen mit gestreckten Armen die Hände auf die Schultern des anderen – die Arme des Tänzers sind außen.

Getanzt wird in aller Welt – Welttanzprojekt mit Kindergruppen

Ein deutsches Kind, ein türkisches Kind, ein afrikanisches Kind,
hinterlassen beim Tanzen Spuren im Lehm.
Nun geh hin und sag, welche Spur ist von wem ...

One World Kindertanzfestival

In allen Kulturen ist das Bewegen nach Klängen und Rhythmiken fester Bestandteil von Riten, besonderen Ereignissen, Naturschauspielen und Festen. Feste sind ein historisch gewachsenes Phänomen des Lebens, das ebenfalls in allen Kulturen zu finden ist: Rund um den Globus wird gefeiert, ein Teil der Zeit aus dem Alltag herausgehoben und für religiöse Rituale, Bräuche und Vergnügungen aller Art verwendet.
Zur Gestaltung eines One World Tanzfestes lassen sich die im vorliegenden Buch vorgestellten Tänze beliebig kombinieren. Es finden sich zu allen Kontinenten passende Tanzvorschläge. Unsere Tanzgruppe „Die Tanzmäuse" macht den folgenden Programmvorschlag:

Wir tanzen um die Welt

Zur Organisation eines One World Kindertanzfestival gehört selbstverständlich die jeweils passende Dekoration: z. B. selbst gebastelte Tanzbänder und Flaggen aus aller Welt, eine Bildergalerie mit bunten Zeichnungen und Schautafeln mit Berichten und Fotos. Ein Basar mit Kreativständen schafft zusätzlich Atmosphäre und leckere Nationalgerichte entführen ins kulinarische Ausland ...
Das Publikum nimmt schließlich seine Plätze ein und die Tanzvorführung kann beginnen: Unser Tanzfest wird von einem Conférencier in Reimform moderiert. Die Reihenfolge der Tänze ist beliebig.

- **Willkommenreim zum Tanzfest**

Willkommen liebe Kinder –
zur Reise um die Welt
Wir zeigen euch heut Tänze –
wir hoffen es gefällt
Beginnen wollen wir – im fernen Afrika
Wo Tanzen und Musik – immer zu Hause war
Die Trommel schlägt den Takt –
die Beine machen mit
So tanzen wir gemeinsam –
den Afrika-Tanz-Schritt
Willkommen heißen wir – euch mit einem Lied
Wir hoffen ihr habt Spaß – tanzt einfach mit

⇨ **Willkommenstanz aus Namibia**
Omweya po – Gestentanz (Seite 30)

- **In Tansania klingt das so – Jambo! – Jambo!! Jambo!!!**

In Afrika ist's meistens sehr hei.
Was hier wohl schon ein jeder weiß
Doch wusstet ihr, wie das klingt
Wenn jemand afrikanisch singt?
Wir grüßen euch, wie's Sitte ist
Mit einem Jambo, dass ihr's wisst
In Tansania klingt das so:
Jambo! – Jambo!! Jambo!!!
„Ruka" heißt dort hüpfen – und „tembea" gehn
Jetzt könnt ihr schon zwei Worte
Suaheli verstehn
Die Musik geht gleich los und ihr passt gut auf
Jetzt beginnt der Hüpftanzlauf

⇨ **Bewegungslied & Tanz aus Tansania**
Simama kaa – Tanzspiel (Seite 28)

- **In der Kette tanzt niemand allein**

Und weiter geht's bei uns im hier Takt
Jetzt ist ein Kettentanz angesagt
Wir tanzen gemeinsam. Ganz ruhig fängt's an
Hava Nagila! Das hört sich gut an.
Zu Haus ist der Tanz in Israel.
Dort tanzt der kleine Ismael,
Gemeinsam mit Achmed – und Edith tanzt mit
Wir fassen uns über den Schultern an
Und fangen gemeinsam zu tanzen an
Hava Nagila – Venismecha!
Lasst uns gemeinsam fröhlich sein! –
In der Kette tanzt niemand allein

⇨ **Klezmer-Kettentanz aus Israel**
Hava nagila – Tanzkreis (Seite 31)

- **Ein tanzender Hut aus Mexiko**

Und weiter geht's fröhlich nach Mexiko
Ein tanzender Hut, ein Sombrero
Wird dort im Tanze weitergereicht

Doch Achtung!
Wer, wenn die Musik verklingt
Unter dem Sombrero nach Atem ringt
Hat verloren – na klar!
In Mexiko kennt diesen Tanz jedes Kind
Und getanzt wird, wenn alle zusammen sind
Bailar la bamba – wir tanzen La Bamba
Und hüpfen dabei wie wild durcheinander!

⇨ **Mexikanisches Karneval Tanzlied**
Sombrero-Tanz (Seite 86)

● **Koto-Rhythmus Trippelschritte**
Mit trippelnden Schritten
mit Knicks und Glanz
Sehen wir gleich den Kirschblütentanz
Selbst ein Tässchen Tee auf dem Kopf
dürft ihr nicht verschütten
So zart wie vom Kirschbaum
die Kirschbaumblüten
So sanft wiegen sich unsre Tänzer im Kreise
Also passt gut auf! Seid still und schön leise
Denn wir hören ein Lied, zuerst auf Japanisch
Dann die Übersetzung, in Deutsch
nicht auf Spanisch!

⇨ **Japanisches Frühlingsfestlied**
Sakura – Kirschblütentanz (Seite 41)

● **Flinker Spiderman**
Eine klitzekleine Spinne
die krabbelt an der Wand
Das Lied der kleinen Spinne
Ist in den USA bekannt!
Dort krabbeln und kribbeln die
„Kribbel Krab"-Spinnen
Die Hochhäuser rauf und wieder runter.
So wie der Held aus dem Comic!
Na wie heißt der geschwind?
Den Spiderman kennt auch hier jedes Kind
The itsy bitsy spider: So heißt unser Lied
Und ich hör auf zu spinnen
und tanz einfach mit

⇨ **USA – Spinnennetztanz**
The itsy bity spider (Seite 78)

● **Tänzerisch wird ein Kampf gespielt**
Geschicklichkeit ist jetzt gefragt
Die Capoeira ist angesagt
Mit federndem Schritt und blitzschnellem Tritt
Wird tänzerisch ein Kampf gespielt
In Brasilien und fast jedem anderen Land
Ist die Capoeira wohl bekannt
Passt auf liebe Leute!
Nehmt euch in Acht
Unsere Tänzer haben sich fein gemacht!

⇨ **Brasilianischer Schautanz**
jogar capoeira – capoeira spidfr (Seite 89)

15. Seid ihr mit dabei? Am Strand von Hawaii.
Schließt die Augen: Stellt euch vor,
ihr wärt weit weg von hier
Am Strand von Hawaii. Seid ihr dabei?
Hört ihr vom Strand schon das Meeresrauschen
Wir wollen in die Ferne lauschen
Auf Hawaii tanzt man Hula, mit viel
SchwungSehr grazil
Macht einfach mit! Es kostet nicht viel
Nur etwas Mut und den habt ihr bestimmt
In Hawaii tanzt den Hula ein jedes Kind

⇨ **Hawaiianisches Hulalied**
Der vergnügliche Hula-Tanz (Seite 94)

● **Hip-hopp-hopp!**
Jetzt kommt ihr bestimmt gleich alle „in move"
Denn es folgt ein Tanz
Auf den „Hip-Hop-Groove"
Ganz cool soll das aussehn
Doch wie jeder weiß
Kommt ihr beim Breakdance ins schwitzen
Und es wird ganz schön heiß
Doch das macht den Jungs
Von der Gang nichts aus
Deshalb zieht keiner
Die coole Hip-Hop Jacke aus
Eins darf nicht fehlen und ist immer dabei
Die Baseballkappe, der letzte Schrei

⇨ **Hip-Hop Tanzlied**
Amerika-Rap (Seite 70)

● **Unser Tanzfest war heute ganz wunderbar**
Zum Schluss geben sich nun alle die Hand
Wir tanzen zum Lied vom röda gullband
Wir tanzen im Kreis einen Ringelreihn
Jeder macht mit, keiner bleibt allein
Und eins ist doch wirklich sonnenklar
Unser Tanzfest war heute ganz wunderbar
Wir hoffen es hat euch Spaß gemacht
Schlussapplaus! Und mitgemacht!

⇨ **Schwedischer Kreistanz**
Och flickan hon går i dansen (Seite 99)

Tanzfeste mit einem Ländermotto

Ein Fest unter einem Ländermotto – daraus ergeben sich fast von selbst die interessantesten Ideen von der Dekoration bis zur Festgestaltung: Ein amerikanisches Halloween-Fest, lateinamerikanisches Karnevalsfest, japanisches Frühlingsfest ... Das Thema macht ein Fest zum ganz besonderen Ereignis.
Um Kindern das Ländermotto zu verdeutlichen, bietet es sich an, die fremde Atmosphäre mit Bildern zu veranschaulichen oder auch eine Geschichte vorzulesen, die verschiedenen Wurzeln der Feste und ihre soziale Einordnung aufzuzeigen und damit den Kindern ein Stück Kultur- und Sozialgeschichte zu veranschaulichen. Feste – ob religiöser oder traditioneller Art – sind für Kinder stets aufregende Ereignisse. Jüngere Kinder erhalten durch das Malen eines Bildes die Möglichkeit, eine fremde Kultur, die in einem entsprechenden Tanzlied thematisiert wird, wahrzunehmen. Und bestimmt bringen auch die Kinder, die selbst aus einem fremden Land stammen, noch viele zusätzliche Anregungen in die Gruppe.

Internationaler Tanzkalender

Anlässe zu tanzen gibt es eigentlich immer. Für die Durchführung von internationalen Tanzfesten ist es jedoch hilfreich, einen Termin zu wählen, der mit den jeweiligen Kulturen in Verbindung steht. Auf diese Weise erfahren Kindergruppen auch etwas über fremde Kulturen und Sitten. Internationale Feste, bei denen die Jugend der Welt gemeinsam feiert, gibt es viele.
Hier eine Auflistung von ausgesuchten Festtagen, an denen sich unserer Meinung nach multikulturelle Tanzprojekte anbieten. Selbstverständlich kommen auch Anlässe wie Olympische Spiele oder sonstige aktuelle Veranstaltungen als Termin in Frage.

13. 1. Norwegen/ Schweden – Tyvendedagen
20 Tage nach der besinnlichen Weihnachtszeit wird der Weihnachtsbaum verbrannt. Fröhlich tanzen die Menschen um das Feuer.

19. 1. Polen – Oma- und Opatag
Am 19. Januar sagen die polnischen Kinder zu Ehren ihrer Großeltern Gedichte auf, singen ihnen Lieder, tanzen und führen kleine Szenen vor.

26. 1. Indien – Tag der Republik/Nationalfeiertag
Am 26.1.1950 wurde Indien zur unabhängigen, demokratischen Republik erklärt. Eine eigene Verfassung wurde verkündet. Im ganzen Land finden Festlichkeiten statt.

Erster Vollmond im neuen Jahr
China – Yuan xiao-Lampionfest
Auch „Fest des ersten Vollmonds". Kinder und Erwachsene veranstalten vergnügliche Laternenumzüge. Weit verbreitet sind Löwen- oder Drachentänze, wobei sich ein Papierdrache/-löwe durch die Straßen bewegt.

Türkei – Seker bayram Zuckerfest
Dieses Fest beginnt am Ende der Fastenzeit und dauert 3 Tage. Ein fröhliches Familienfest mit Kirmes, Musik, Straßentheater und vielen Süßigkeiten nach glücklich überstandenem Fasten.

21. 2. Internationaler Tag der Muttersprache (Unesco)

3. 3. Kurdisches und iranisches Sêzdebeder-Fest Sêzdebeder bedeutet wörtlich „13 raus", im Sinne von „Unglück raus". Es handelt sich um ein Frühlingsfest. Die Familien veranstalten ein Picknick in der freien Natur. Zum Abschluss wirft man 13 Steine, die am Picknickort gesammelt wurden, fort. Mit den Steinen soll auch das Unglück im nächsten Jahr fort sein.

23. 4. Türkei – Nationales Souveränitäts- und Kinderfest
Kinder übernehmen an diesem Tag in den Schulen oft die Funktionen von Lehrer und Schulleitung. Außerdem finden Umzüge und Feiern mit Rezitationen, Vorführungen und Spielen statt.

30. 4./1. 5. Finnland – Walpurgisnacht & Jenni Maja
Beste Laune, Luftballons, Luftschlangen, zehntausende durch die Straßen der Hauptstadt Helsinki tanzende Menschen und lautes Trompetenspiel sind die Merkmale dieser zwei Tage, die ganz unter dem Stern der Ausgelassenheit stehen.

5. 5. Japan – Tag der Kinder
Der fünfte Tag des fünften Monats wurde schon in alten Zeiten in Japan gefeiert. Vor vielen Häusern mit Söhnen wehen (bis zu 3 m lange) Fahnen in Form von Papier-Karpfen im Winde.

5. 5. Europatag
Am 5.5.1949 wurde der Europarat gegründet. In vielen Ländern ein Grund zu feiern und zu tanzen.

10. 5. Mexiko – Muttertag
Die Kinder basteln ein Geschenk für ihre Mutter. Es wird auch in den Schule gefeiert, wo die Schüler für ihre Mütter folkloristische Tänze üben und aufführen.

15. 5. Internationaler Tag der Familie (UNO-Gedenktag)

25. 5. Afrika-Tag (UNO-Gedenktag)

24. 6. Schweden – Midsommardagen
Johannistag in Schweden: Am Ende der Woche, die der Mitte des Sommers (das ist der 24. Juni) am nächsten ist, feiern die Schweden ihren Johannistag „Midsommardagen". Das große Fest findet schon am Johannisabend davor statt.

7. 7. Tansania – Saba-Saba-Fest
Ursprünglich ein Gedenktag an den Gründungzeitpunkt der Unabhängigkeitspartei TANU am 7. 7. 1954. Allmählich entwickelte sich das Saba-Saba-Fest zu einem gesamttansanischen Ereignis. Verbunden ist das Fest überall mit Musik und Tanz.

14. 7. Frankreich – Fête Nationale
Gesetzlicher Feiertag. Symbolisch wird die Machtergreifung durch das Volk gefeiert. Der Tag wird in ganz Frankreich mit Feierlichkeiten (Paraden, Bällen, Feuerwerk usw.) begangen.

18. 7. Mexiko – Guelaguetza
Alljährlich wird an den zwei Montagen nach dem 18. Juli Guelaguetza gefeiert, das wichtigste Fest des Staates Oaxaca und eines der bedeutendsten Volksfeste in Mexiko und Lateinamerika. Entstanden ist es auf der Basis indianischer Traditionen. Farbenfrohe Tänze stehen im Mittelpunkt der mehrtägigen Veranstaltungen. Die verschiedenen Regionen des Staates und die unterschiedlichen Volksgruppen bringen ihre überlieferten Tänze als „Geschenke" für die Allgemeinheit in die Hauptstadt mit.

1. 8. Ghana – Homowo Fest
Erntedankfest. Das „Homowo-Fest" ist Dreh- und Angelpunkt des Ritualjahres. Es markiert nicht nur das Ende, sondern auch den Neubeginn des Festkalenders mit ausgelassenem Tanz und Musik. Zwischen Homowo und Aussaat-Fest liegen traditionell drei Wochen Ruhezeit, denn der Überlieferung nach verträgt das Saatgut keinen Lärm, wenn es seine Lebenskraft aufs Neue entfaltet. Diese Jahreszeit ist daher mit einem „Trommelbann" belegt.

20. 9. Weltkindertag (UNICEF)
Im Jahr 1954 schlug die UNO vor, einen Weltkindertag ins Leben zu rufen. Jedes Land, das ihn begehen wollte, sollte am Weltkinder-Tag auf die Probleme von Kindern hinweisen.

31.10. USA – Halloween
Ein ursprünglich keltisches Ritualfest, das sich in den USA großer Beliebtheit erfreut. Geister & Gespenster & Musik & Tanz & Partys sind angesagt.

5. 11. Großbritannien – Guy-Fawkes-Abend
Dieses Fest wird seit dem 17. Jahrhundert gefeiert. Alle machen mit, sammeln Holz für ein großes Feuer, um das sie herumtanzen. Mitmachen!

Anhang

Alphabetisches Register

der Lieder, Tänze & Aktionen

normal: ....Tänze, Tanzspiele und -aktionen
fett: ....Lieder
kursiv: ....Geschichten

1-2-3-1-2-3 ... Taktlaufen 12

Abeeyo A – Welcome Australien (Australien)...............................55
Abeeyo Echo Singen (Australien) 56
Abeeyo Pantomimen Tiertanz (Australien) 56
Ai, Ai, Aidê (Brasilien) 88
Amerika Rap (USA)..70
Angika-Abhinaya – Ausdruck durch Körperhaltung (Indien)..38
Ayelevi – Begrüßungslied aus Ghana (Ghana)...19
Ayelevi Begrüßungs-Abklatschtanz (Ghana)...18

Bändertanz am Tanzbaum mit dem röda gullband (Schweden)...100
Bändertanz mit Tanzreifen (Schweden)..........102
Bharatanatyam Natya – Körpersprache in Vollendung (Indien).......................................37
Blinde Raupe..10
Breakdance-movements (USA)..........................74

Cayda Cira – Kerzentanz (Türkei)....................124
Cumbanchero – Lateinamerikanischer Samba Tanz (Lateinamerika) 80

Das Klatsch- Patsch- Schnalz- & Schnippspiel 15
Den hat scho mein Vater tanzt (Österreich) 125
Der „gezwickte" Gänsetanz (Österreich).........127
Der Tanz der Indianer (Nordamerika)................60
Der vergnügliche Hula-Tanz.............................94
Der Yangge-Umzugs-Tanz (China).....................53
Die japanische Legende von der Entstehung der Welt (Japan)..41
Dumelang mo Afrika – Willkommen in Afrika (Namibia/Botswana)................................29
Dumelang mo Afrika – Willkommenstanz (Namibia)..28

Earth My Body – Chanting (Nordamerika)..62
Earth my body – Meditativer Gestentanz (Nordamerika) 62
Ebandscha – Tanz der Pygmäen (Namibia) 11
El Tiburon – Party Reihentanz (Mexiko) 87

Fancy Dance (Nordamerika) 66
Fancy Shawl Dance – Schmetterlingstanz (Nordamerika) 66
Farandole Tanz – ein Schlängelreigen (Frankreich) 113
Farbenfroher Bändertanz (Schweden) 102
Fiesta Latina (Mexiko)..83
Fratzengrimassen-Tanz (Finnland)...................106
Fußpercussion – Handpercussion – Körperpercussion (Afrika) 22
Fußpercussion – Klänge mit Füßen & Beinen (Afrika) 23

Giro giro tondo – Dreht euch im Kreise (Italien)...108
Grand Entry – Einzug der TänzerInnen (Nordamerika) 64
Grass Dance – Grastanz (Nordamerika)............67

Hand- & Fußpercussion (Afrika)........................23
Hansl – oha (Österreich)....................................127
Hava nagila – Lasst uns fröhlich sein (Israel) 32
Hava nagila – Tanzkreis (Israel)..........................31
Here we go round the mulberry bush (England)..117
Hora Kette (Klezmer-Kette) – Ausgelassen im Kreise tanzen (Israel) 33
Huate lenno – Indianisches Sonnenlied (Nordamerika) 65
Huate lenno – Kreistanz (Nordamerika) 65
Hula ho'onânâ – Ein Hula zum Vergnügen (Hawaii)..93
Hula hue hupp – Schneller Hula Hupp (Hawaii)..94
Hula hue lakau - Stürmischer Tanz der Palmen (Hawaii)..96

I dschtschingua - Begleitorchester (China)....46
I dschtschingua – Das Lied vom Frosch (China)....45
Intertribal Round Dance – Freundschafts-Rundtanz (Nordamerika)....64
Jetzt tanzen wir den Lapadu (Finnland)....104
Jogar capoeira - Capoeira spielen (Brasilien)..89

Kasatschok (Russland)....121
Klanggesten Tanz mit afrikanischem Silben Singsang (Afrika)....26
Kreishüpfer zu Musik aus aller Welt....14
Kumma dra di umma (Alpenland)....126

La bamba – Mexikanisches Tanzlied (Mexiko)....84
La bella lavanderina – Die schöne Wäscherin (Italien)....109
La bella lavanderina – Tanzspiel (Italien)....108
Lakau o te vao – Die Palmen in den Plantagen (Hawaii)....95

Menu pas – Kleiner Schritt (Frankreich)....114
Menuett, en quatre, en six, en huit, en dix, en douze ...(Frankreich)....115
Minun kultani kaunis on – Finnisches Kanon-Tanzlied in vier Sprachen (Finnland)....105
Mtoto mwema husema asante (Tansania)....25

Och flickan hon går i dansen - Zum Tanze, da geht ein Mädchen (Schweden)....99
Om Namaha Shivay – Om, ich verneige mich vor Shiva (Indien)....36
Omweya po – Gestentanz (Namibia)....30
Omweya po – Ihr seid gekommen (Namibia/ Owambo)....30
Oynaya, oynaya – Friedenstanzlied (Türkei)....123

Pao, Hok, Fu, Lung und Shi – Tierische Forbewegung (China)....51
Papa Roach Shaker (Mexiko)....86
Pelele Marionettenspieler....16
Ramba Zamba Kinder Samba (Lateinamerika)82

Rhythm and Poetry (USA)....71
Rhythmischer Bandwurm....12
Rhythmisches Gehmuster – taaap-tap-tap taaap-tap-tap....12
Rhythmusgefühl schulen – Takte zählen....69
Ringelreigen zum Lied vom röda gullband (Schweden)....98
Robotertanz – Mechanische Bewegungen....15

Sakura – Kirschblütenlied (Japan)....43
Sakura – Kirschblütentanz (Japan)....41
Sascha liebt nicht große Worte – Nja nja nja (Russland)....120
Schlingen wir fröhlich und drehn uns im Kreis (Deutschland)....130
Schwamm drüber - Rhythmussymbole an der Tafel....24
Simama kaa – Sitz & Hüpf (Tansania/Afrika)....27
Simama kaa – Tanzspiel (Afrika)....28
Sneak-Up – Anschleichtanz (Nordamerika)....66
Sombrero-Huttanz (Mexiko)....86
Spiegeltanz....10
Starker Sascha – Kinderakrobatik....119
Stone-Game – Rhythmisches Spiel mit Steinen (Nordamerika)....67
Sur le pont d'Avignon (Frankreich)....111
Sur le pont d'Avignon – Tanzspiel (Frankreich)....112

Tai Chi Chuan (China)....50
Tai-Chi Kranich-Froschtanz (China)....52

Tanzen wir den Lapadu (Finnland)....103
Tapsende Füße (Afrika)....20
The itsy bitsy spider – Das Spinnenlied (USA)....77
The Itsy Bitsy Spider Linedance (USA)....78
Top Rocks-Tanzschritte (USA)....72

Viaje a Mexico – Reise nach Mexico (Lateinamerika)....85
Viva la Fiesta – Tanzaufforderungsspiel (Lateinamerika)....85

We go round the mulberry bush – Tanzspiel (Großbritannien)....118
Wushu-Aufführungstanz (China)....49
Wushu-Tanzgesten – Balanceübungen (China)....47

Yasasin baris – Friedenstanz (Türkei)....124

Verwendete und weiterführende Literatur

...jeder Mensch ist ein Tänzer. Müller / Stöckemann. Anabas-Verlag 1993. ISBN 3-87038-250-3

100 kreative Tanzspiele. Rooyackers. Kallmeyers 1996. ISBN 3-7800-5995-9

Ballettgeschichte im Überblick. R. Liechtenhan. Florian Noetzel Verlag 1990. ISBN 3-7959-0480-3

Bewegungsspiele. Brinckmann / Trees. Rowohlt 1985. ISBN 4-499-17043-4

Cantemus Liederbuch der Europäischen Schulen. Hrsg: K. Pelzer

Deine Hände klatschen auch. R. Krenzer. Kemper Verlag 1979. ISBN 3-7809-04030-9

Der bunte Kontinent. DVA 2001. ISBN 3-421-05463-0

Der Fuchs geht um auch anderswo. Beltz praxis 1993. ISBN 3-407-62097-7

Der moderne Ausdruckstanz. R. Laban. Heinrichhoven's Verlag 1981. ISBN 3-7959-0320-3

Die neoafrikanische Kultur. Jahn Eugen. Diederichs Verlag 1986. ISBN 3-424-00873-7

Die rätselhafte Nation. Tatsuo Oguro. Horst Poller Verlag 1982. ISBN 3-87959-175-X

Die Tanzkunst Indiens. E. Rebling. Heinrichhofen's Verlag 1982. ISBN 3-7959-0348-3

Europa in 80 Tönen. H. E. Höfele, S. Steffe. Ökotopia Verlag ISBN 3-931902-87-0

Europa in 80 Tönen (CD). H. E. Höfele. Ökotopia Verlag ISBN 3-931902-88-9

In 80 Tönen um die Welt. H. E. Höfele, S. Steffe. Ökotopia Verlag ISBN 3-931902-61-7

Fliegende Feder (Box incl. CD). P. Budde, J. Kronphli. Ökotopia Verlag ISBN 3-931902-26-9

Fliegende Feder (CD). P. Budde, J. Kronphli. Ökotopia Verlag ISBN 3-931902-23-4

In 80 Tönen um die Welt (CD). H. E. Höfele. Ökotopia Verlag ISBN 3-931902-62-5

Jonglieren. A. Vosskühler. Rowohlt 1994. ISBN 3 499 19434 1

Karibuni Watoto (CD). P. Budde & Karibuni. Ökotopia Verlag ISBN 3-931902-12-9

Kinder der Welt und ihre Lieder. Pahlen. Reich Verlag AG Luzern 1979. ISBN 3-7243-0165-0

Klare, Klare Seide Kindertänze. Bärenreiter 1962. ISBN 3-7618-0459-8

Knaurs Kinderlieder der Welt. Frischauer. Droemer Knaur Verlag 1973. ISBN 3-85886-022-0

Leicht wie eine Feder. Braun. Kösel 1997. ISBN 3-466-30437-7

Lieder und Bewegungsspiele im Kindergarten 1. Franz – Lammers. Herder 1994. ISBN 3-451-22851-7

Lieder und Bewegungsspiele im Kindergarten 2. Franz – Lammers. Herder 1993. ISBN 3-451-22817-3

Line Dance. A Falckenberg. BER Verlag 1996. ISBN 3-9803535-1-6

Lotosblüten öffnen sich. A Sriram. Kösel 1989. ISBN 3-466-34237-6

Meine ersten Schritte im Jazz Dance. Edition Michael Fischer 1987. ISBN 3-924433-38-0

Meine ersten Schritte im Klassischen Ballett. Edition Michael Fischer 1986. ISBN 3-924433-30-3

Meine ersten Schritte im Modernen Ballett. Edition Michael Fischer 1986. ISBN 3-924433-31-3

Move to the music Hip Hop. Zeeray. Meyer & Meyer Verlag 1999. ISBN 3-89124-545-9

Musik & Bewegungserziehung in KIGA. R. Holzheuer. Klinkhardt 1979. ISBN 3-7815-0399-2

Musik Rhythmus & Tanz im Orient. Khaled Seif Abou Zeid. Promonty Zürich 1999. ISBN 3-9521794-1-8

Musik- und Bewegungserziehung. Hoerburger / Widmer. Auer 1992. ISBN 3-403-02199-8

Musik und Körper. W. Pütz (Hrsg). Verlag Die Blaue Eule 1990. ISBN 3-89206-351-6

Musikerziehung durch Bewegung. K. Jacob. Möseler Verlag 1964

Musikkulturen in Afrika. Verlag Neue Musik 1987. ISBN 3-7333-0009-2

Musikspiele. M. Küntzel – Hansen. Kallmeyer 1982. ISBN 3 7800 6037 X

Rhythmisch-musikalische Erziehung in KIGA und Schule. T. Pfisterer. Pelikan Edition 787 1971

Rock- und Poptanz mit Kindern. R. Müller. G. Bosse Verlag 1992. ISBN 3 7649 2417 9- BE 2417

Singspiele und Kindertänze für die Grundschule. E. Schuhmacher. Verlag Hofmann 1972.

Spielformen des Tanzens. R. Zimmer. Verlag modernes lernen 2000. ISBN 3-8080-0456-8

Spielideen im Jazztanz. R. Zimmer. Verlag Hofmann 1984. ISBN 3-7780-9771-7

Tanz. G. Calendoli. Westermann 1986. ISBN 3-07-50 8820-X

Tanz. Gerstenberg Verlag 1999. ISBN 3-8067-4496-3

Tanzen zwischen Himmel und Erde. Blersch & Brugger. Arbor Verlag 1993. ISBN: 3-924195-13-7

Tanzlexikon. O. Schneider. Schott 1985. ISBN 3-7957-2800-2

Weltmusik Rough Guide. Verlag J. B. Metzler 2000. ISBN 3-476-01532-7

Informationen im Internet

Haben Sie Lust im Internet nach ergänzenden Informationen zum Thema Kindertanz zu stöbern? Hier eine persönliche Auswahl unserer zehn Lieblings-Homepages zum Thema „Tanzen mit Kindern" und „Musik aus aller Welt".

www.dancilla.com
Vieles zum Volks- und Folkloretanz und vor allem eine große Datenbank mit über 28.000 Tänzen. Dancilla.com ist ein gemeinsames Projekt von **www.volkstanz.de**, **www.volkstanz.com** und **www.volkstanz.at** um Materialien zum Volks- und Folkloretanz zur Verfügung zu stellen.

www.volkstanz.at
Unter dem Motto „Alte Tänze in einem neuen Medium" versuchen die Macher dieser Homepage jungen Leuten darzustellen, dass Volkstanz nicht verstaubt ist. Denn man begeistert sich zwar für irische Tänze, Tango, brasilianische Rhythmen und vergisst gerne, dass man in seiner eigenen Heimat einen großen Schatz an Tänzen, Stückln und Bräuchen hat.

www.fh-furtwangen.de/~tanzref/uns.html
Das Tanzreferat wird von StudentInnen für StudentInnen organisiert. Das Anliegen ist es einerseits den interessierten Anfängern ein wenig Anleitung zu geben und andererseits für die Fortgeschrittenen unter uns eine Möglichkeit zum Tanzen und Üben zu schaffen.

www.bdt-ev.de/bdt/tanzgeschichte.cfm
Auf der Homepage des Berufsverbandes deutscher Tanzlehrer gibt's wissenswerte Informationen rund um das Thema „Tanzen".

www.afrodancer.ch
Jeannette Loosli Gassama nimmt sich auf dieser Homepage die Freiheit, Tänze selber zu kreieren, da sie nicht aus der gelebten Tradition schöpfen kann und keine ethnologisch korrekte Vermittlerin sein kann und will. Dies ist die Domäne der afrikanischen TanzlehrerInnen.

www.folkstanz.in-berlin.de/taenze/sammlung
Hier finden sich viele konkrete Tanzbeschreibungen. Hier werden u. a. baskische, skandinavische und bretonische Tänze in verständlicher Sprache beschrieben.

www.capoeira-switzerland.ch
Hier finden sich alle möglichen Informationen rund um Capoeira. Dieser Internetauftritt soll Anfängern einen Einblick in die Kunst der Capoeira gewähren und Fortgeschrittene durch Neuigkeiten und Besonderheiten Unterhaltung bieten.

www.bdm.viennaweb.at/break/breaklexikon.htm
Breakdance-Informationen, die das Herz aller Hip Hop Freunde höher schlagen lässt. Zum Informieren und als Nachschlag-Homepage geeignet.

www.country-bears.com/lignes.htm
Für alle Country-, Square- und Linedancer eine Homepage voller Infos & Tanzanleitungen.

www.weltmusik-fuer-kinder.de
ist eine multimediale Weltkarte der Kindermusik des Ökotopia Verlags. Hier surfen Sie von Kontinent zu Kontinent und entdecken Kinderlieder und Tänze, Bastelanregungen und Informationen zu den Musiktraditionen des jeweiligen Kontinents.

Die AutorInnen/Die Illustratorin

Hartmut E. Höfele produziert seit Jahren Musik & Wort & Printproduktionen nicht nur für Kinder. Live spielt er mit dem Musiktheater Firlefanz. Als Kind besuchte er in Karlsruhe eine Ballettschule. Als Jugendlicher bewegte er sich auf der Bühne bevorzugt zu Folk & Rockmusik. Als Jugendgruppenleiter lernte er bei der Arbeiterwohlfahrt das Kindertanz A-B-C. Sein heutiger Lieblingstanz ist „Die Schneeflocke mit eingesprungenem Schwanenhüpfer", den er nur privat zum Besten gibt.

Susanne Steffe hat als Sachbuch-, Lieder,- Geschichten- und Hörspielautorin schon die unterschiedlichsten Themen bearbeitet. Sie tanzt als Texterin seit Jahren auf den verschiedensten Tastaturen und bevorzugt privat den Tanzstil des beschwingten Cha-Cha-Chas.

Danken möchten wir **Dorle Ferbe**r. Sie lebt als freischaffende Musikerin am Bodensee und hat die Noten und Texte der Tanzlieder bearbeitet und zum Teil auf Deutsch getextet. Sie gehört dem Team um Hartmut E. Höfele seit Jahren in musikalischer Freundschaft an und ist auch live mit dabei.

Kerstin Heinlein: Diplom-Designerin, hat eine eigene Agentur für Design und Kommunikation. Darüber hinaus arbeitet sie als freie Mediendozentin und Illustratorin für verschiedene Institutionen, Verlage und Unternehmen.
2004 erhielt sie den „Zukunftspreis Jugendkultur" der PwC-Stiftung für ein literarisch-bildnerisches Projekt mit behinderten Kindern und Jugendlichen. Für den Ökotopia Verlag hat sie bereits zahlreiche Bücher illustriert, z.B. aus der Reihe „Auf den Spuren fremder Kulturen".